Francisco Asensio Cerver

AQUARELL MALEREI

für Einsteiger

KÖNEMANN

Bonner Straße 126
D-50968 Köln

Originaltitel: Acuarela
Redaktionelle Leitung, Text und Layout: Arco Editorial, S.A.

Übersetzung aus dem Spanischen: Martina Görlitz, Christian Rauer (für Delius Producing Berlin)
Redaktion und Satz der deutschen Ausgabe: Delius Producing Berlin/Holger Pingel (für Delius Producing Berlin)
Covergestaltung: Peter Feierabend, Claudio Martinez
Herstellungsleitung: Detlev Schaper
Druck und Bindung: EuroGrafica
Printed in Marano Vicenza, Italy

ISBN 3-8290-1923-8

10 9 8 7 6 5 4 3 2

INHALT

Materialien

DIE FARBE

Wie schon der Name verrät, basiert die Technik der Aquarellmalerei auf dem Wasser. Die Grundbestandteile der Aquarellfarbe sind Gummiarabikum und Farbpigmente. Aquarellfarbe wird in fester und in pastoser Form verkauft. Handelt es sich um feste Farbe, so muß sie befeuchtet werden, damit sie weich wird und vom Pinsel aufgenommen werden kann. Auch die Tubenfarben müssen zum Malen angefeuchtet werden, aber sie lösen sich leichter im Wasser.

▼ *Sie können zwischen Tuben- und Napffarben wählen.*

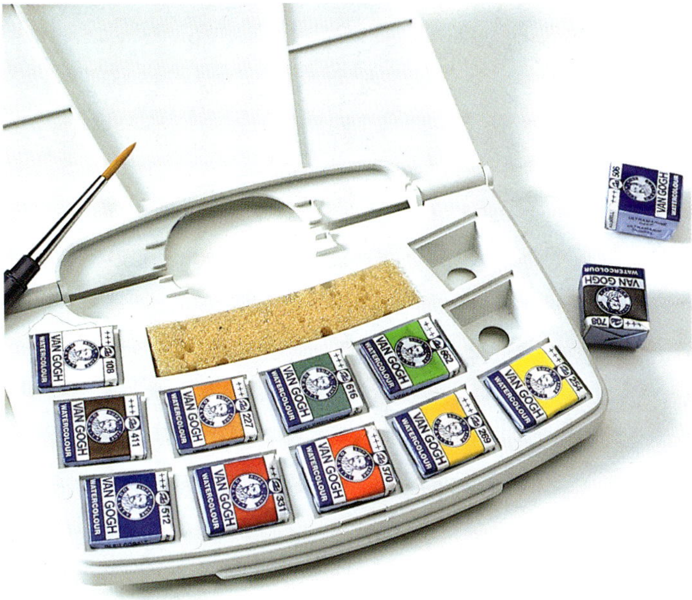

Für das Aquarellieren werden nicht viele Arbeitsmittel benötigt, doch sind gerade sie bei dieser Technik von grundlegender Bedeutung. Auf den folgenden Seiten wird die Grundausrüstung vorgestellt, die in der Aquarelltechnik benutzt wird. Ihre Anwendung wird ausführlich in den weiteren Kapiteln beschrieben. Es ist wichtig, das Material und seine Eigenschaften, Zubehör und Hilfsmittel zu kennen, denn ohne Kenntnisse hierüber lassen sich viele Effekte nicht erreichen.

DIE GRUNDAUSSTATTUNG

Um mit der Aquarellmalerei beginnen zu können, ist keine große Ausrüstung nötig: Ein kleiner Kasten, ein Pinsel und Papier reichen aus. Diese ersten Materialien sollten sehr sorgfältig ausgewählt werden. In Geschäften für Künstlerbedarf ist die Auswahl oft sehr groß, manchmal aber auch eher zu klein. Beides macht gerade dem Anfänger die Kaufentscheidung nicht leicht.

Für den Start brauchen Sie nur einen Pinsel, ein Glas Wasser, ein Blatt Papier und natürlich einen Kasten mit Farben. ▲

DIE AQUARELLFARBEN

Es gibt Aquarellfarben in vielerlei Form und Qualität. Am günstigsten sind die Tuschkästen für den Schulgebrauch. Wer das Aquarellieren aber wirklich lernen will, sollte diese jedoch nicht verwenden, da sie die meisten Möglichkeiten einer Aquarellfarbe mittlerer Qualität nicht bieten. Für den Anfänger sind Aquarellkästen mit einer mittelgroßen Farbskala empfehlenswert, es gibt sie in Näpfchen oder in Tuben. Sie werden von namhaften Markenherstellern angeboten und können für alle Arbeitstechniken verwendet werden.

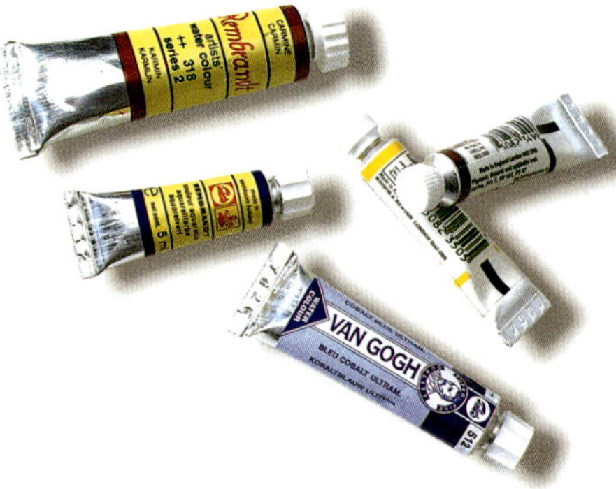

▼ *Einzelne Aquarellfarben in Tuben. Wenn man schon über eine gewisse Erfahrung verfügt, empfiehlt sich die Wahl dieser Aquarellfarben. Der Künstler bestimmt die Farben seines Kastens selbst nach seinen Bedürfnissen. Die Farbtuben können unterschiedlich groß sein, je nach Hersteller.*

◀ *Kasten mit halbfeuchten Farben in Näpfchen oder Stückchen. Ob man diese Art Aquarellfarben wählt, ist Geschmackssache. Vor ihrer Verwendung erfordern die trockenen Farben mehr Aufwand als die halbfeuchten, andererseits ist ihr Gebrauch auch bequemer, da sie im eigenen Napf angefeuchtet werden.*

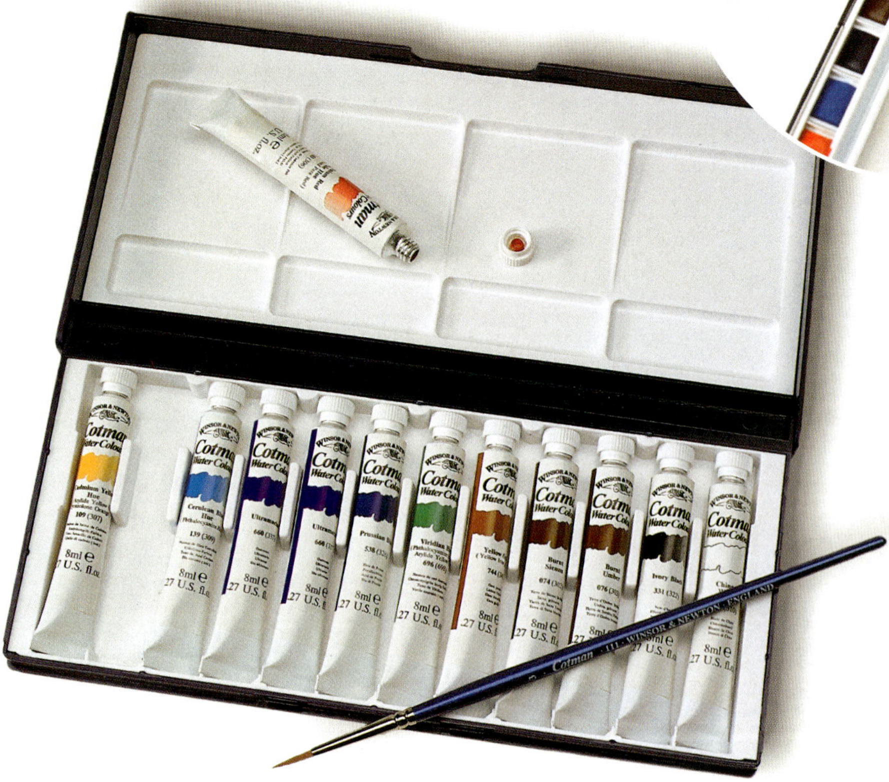

▶ *Kasten mit Tubenfarben. Die Kästen sind meist aus einer vollständigen Farbskala zusammengestellt, auch wenn diese sich auf ein Minimum beschränkt. Der Deckel läßt sich auch als Palette benutzen. Dieser Kasten mit einer mittelgroßen Farbskala ist für Amateure sehr zu empfehlen.*

DAS PAPIER

Das Papier ist von grundlegender Bedeutung für die Aquarellmalerei. Während andere Farben auf jeder Art von Unterlage benutzt werden können, kann mit Aquarellfarben nur auf Papier gemalt werden. Nicht jedes Papier eignet sich für die Aquarellmalerei, es muß über einige besondere Eigenschaften verfügen. Die Papierstärke wird in Gramm, bezogen auf einen Quadratmeter, angegeben. Die Beschaffenheit hängt von der Leimung ab (die Aquarelltechnik verlangt eine hohe Aufnahmefähigkeit des Papiers, die durch bestimmte Leimungen begrenzt wird). Die Körnung ist abhängig von der Glätte: Ein Papier von geringer Körnung ist sehr glatt, ein grobgekörntes Papier hat eine rauhe Oberfläche. Das meistgebrauchte Aquarellpapier ist mittelgekörnt und hat eine Stärke von etwa 250 Gramm.

▼ *Aquarellblöcke. Aquarellpapier in Blöcken ist sehr praktisch. Im allgemeinen sind die Eigenschaften des Papiers auf dem Deckblatt des Blocks angegeben. Es empfiehlt sich grundsätzlich, etwas festeres und schwereres Aquarellpapier zu verwenden. Die Blöcke sind in verschiedenen Formaten und Größen erhältlich. Einige verlangen nur wenig Platz; sie sind ideal für Reisen und für Skizzen. Es gibt aber auch großformatige Blöcke für die Aquarellmalerei in großen Proportionen.*

Unter den Aquarellblöcken müssen die an allen vier Rändern geleimten hervorgehoben werden. Sie sind besonders nützlich, da sich bei ihnen das Blatt beim Malen nicht wellt, weil es an seinen vier Seiten festgehalten wird. Zum Trennen der Blätter benutzt man ein Messer.

▼ *Markenpapiere. Die auf Aquarell- und Zeichenpapier spezialisierten Hersteller bieten meist Papiere unterschiedlicher Stärke und Fabrikationsart an. Diese Papiere tragen ein Wasserzeichen mit dem Markenzeichen des Produzenten. Meist werden sie als Einzelbögen verkauft, man kann sie aber auch in Heften oder Blöcken erwerben.*

◀ *Handgeschöpfte Papiere. Das handgeschöpfte Papier wird, wie schon der Name sagt, von Hand hergestellt. Meist ist es von gehobener Qualität. Im allgemeinen beschränkt sich seine Verwendung auf sehr spezielle Arbeiten.*

DIE AQUARELLPINSEL

Wenn beim Aquarellmalen die Farbe und das Papier ausgesprochen wichtig sind, so gilt dies auch für den Pinsel. Der Aquarellmaler zählt zu den anspruchsvollsten Künstlern, wenn es um die Qualität seines Pinsels geht. Das Aquarellieren ist eine Maltechnik, die sehr spezieller Pinsel bedarf. Folgende Ansprüche sollte der Künstler an den Aquarellpinsel stellen: Er sollte das Wasser gut aufnehmen und halten können, flexibel sein, seine Form nach dem Pinselstrich leicht wieder annehmen; außerdem muß man mit ihm tupfen oder Linien ziehen können, ohne daß die Pinselhaare zerzausen.

DIE WAHL DES PINSELS

Man braucht nicht viele Pinsel zum Aquarellmalen, da schon ein einziger viele Möglichkeiten bietet, Flecke und Linien zu gestalten. Aber die Pinsel müssen hochwertig sein.

▶ Diese Sammlung genügt zum Aquarellmalen: (1) ein Flachpinsel (Größe 40), (2) ein weiterer (Größe 9), (3) ein flacher Pinsel (Größe 17), (4) ein Rundpinsel (Größe 14) und (5) ein weiterer Rundpinsel (Größe 5).

TEILE DES PINSELS

A

B

C

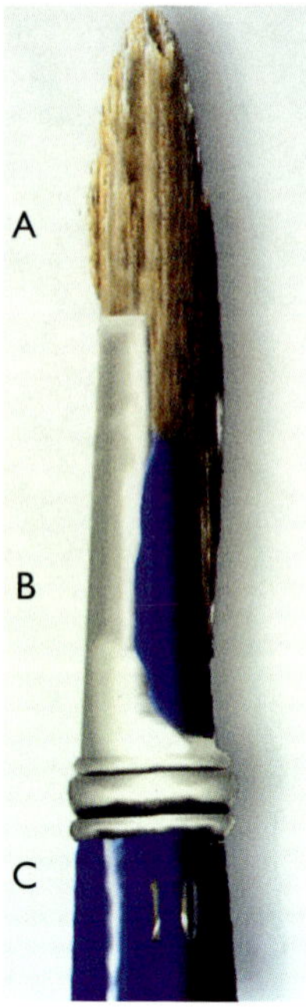

Da der Aquarellmaler Qualitätspinsel benötigt, muß er die Teile, aus denen der Pinsel zusammengesetzt ist, gut kennen und wissen, wie sie hergestellt sein sollten, um besonders zweckmäßig zu sein.

▶ *A. Der Kopf. Er besteht aus einem Haarbüschel, das synthetisch, aus Borsten, Marderhaar oder Meloncillo sein kann (die beiden letztgenannten sind qualitativ hochwertiger). Ein gutes Haarbüschel muß ganz spitz sein. Der Kopf ist am Stiel befestigt und wird von der Zwinge umfaßt.*

B. Die Zwinge. Die Zwinge ist eine Hülse bzw. eine kleine Röhre aus Metall, die den Pinselkopf am Stiel befestigt. Sie muß verchromt sein und aus einem einzigen Stück bestehen. Die Form der Zwinge hängt von der des Haarbüschels ab.

C. Der Stiel. Der Stiel ist meistens aus Holz und muß unbedingt qualitativ hochwertig sein, denn durch das häufige Eintauchen in Wasser ist er besonderen Belastungen ausgesetzt. Die qualitativ hochwertigen Pinsel erhalten eine Behandlung gegen Feuchtigkeit, die den Stiel vor dem Abblättern und vor Schimmel bewahrt.

DER PINSELKOPF

Je nach Form der Zwinge hat der Pinsel ein rundes oder ein flaches Ende. Mit dem runden Pinsel lassen sich feine Striche ziehen; die flachen Pinsel ermöglichen breite oder feine Striche, je nachdem, wie man den Pinsel auf das Papier setzt.

◀ *Runder Pinsel aus Marderhaar (1), hochwertiger flacher synthetischer Pinsel (2), runder Pinsel aus Meloncillo(3) und ein Chinapinsel aus Wolfshaar (4).*

PFLEGE UND ERHALTUNG DER PINSEL

Die Aquarellpinsel sind sehr empfindlich. Es gibt ein paar wichtige Regeln zu Gebrauch, Pflege und Bewahrung dieser wertvollen Werkzeuge. Der Pinsel ist als ein Präzisionswerkzeug zu betrachten. Ein gut gepflegter Pinsel hält nicht nur viele Jahre, mit der Zeit paßt er sich auch mehr und mehr der Handschrift und dem Strich seines Benutzers an. Andererseits kann es leicht passieren, daß man einen sehr teuren Pinsel verdirbt.

▶ *Die runden Aquarellpinsel werden mit einer Plastikhülse verkauft, die sie vor Verformungen schützt. Es empfiehlt sich, diesen Schutz für den weiteren Gebrauch aufzubewahren. Bevor man den Kopf mit der Hülse bedeckt, muß er völlig trocken sein, da sich innen sonst Rost bilden kann.*

▼ *Neue Aquarellpinsel sind gummiert, damit ihre Spitze fest bleibt und nicht ihre Form verliert. Diese Festigkeit löst sich auf, wenn man sie direkt vor dem Gebrauch mit sauberem Wasser anfeuchtet.*

EIN GUTER RAT

Wenn Sie die Pinsel zeitweise nicht benutzen, ist es am besten, sie zusammen mit einigen Kugeln Kampfer eingehüllt aufzubewahren. Dieses einfache Mittel beugt der Beschädigung durch Bakterien vor.

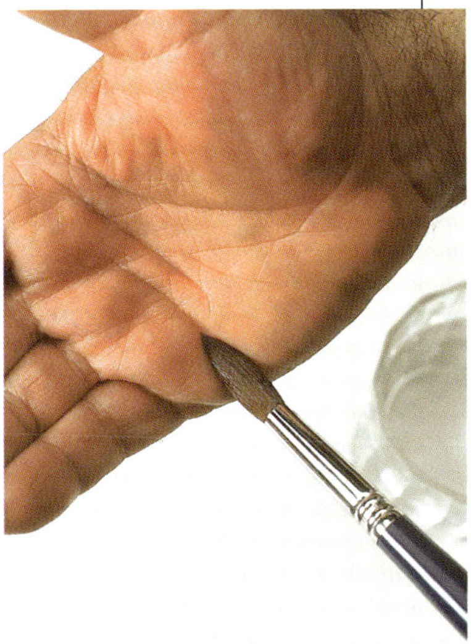

◀ *Sie können die Pinsel einfach mit fließendem Wasser säubern. Nachdem man die Haare mit Seife gereinigt hat, muß man sie mit sauberem Wasser ausspülen, um alle Reste zu entfernen.*

Die Pinsel können einfach in ein solches Geflecht aus Rohrkolben gerollt werden. Dieses ermöglicht es, die Pinsel aufzubewahren und sie sehr schnell und bequem zu verstauen. ▲

PINSELPROBEN

Wenn Sie sich mit den zur Aquarellmalerei notwendigen Materialien vertraut gemacht haben, machen Sie am besten einige Proben auf verschiedenen Papieren und mit unterschiedlichen Pinseln, um die unterschiedlichen Ergebnisse zu prüfen. Zuerst machen Sie den Pinsel mit sauberem Wasser naß und streifen überschüssige Flüssigkeit ab. Mit dem feuchten Pinsel nehmen Sie die Farbe von der Palette auf und rühren sie um, damit sich der Pinsel gut durchtränkt.

WAS SIE BRAUCHEN

Um diese einfachen Übungen mitmachen zu können, brauchen Sie nur die bislang genannten Materialien: Aquarellpapiere verschiedener Marken und Qualitäten, runde Pinsel (grobe und feine), Flachpinsel – außerdem werden Aquarellfarben mit ihrer Deckel-Palette und ein Glas Wasser benötigt. Die Proben werden auf einem feinkörnigen, einem mittelkörnigen und auf einem grobkörnigen Papier ausgeführt.

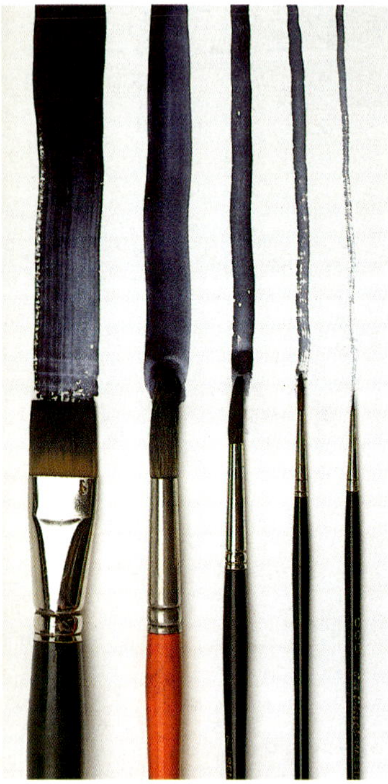

▶ *Die Übung soll mit jedem der Pinsel durchgeführt werden, die man hat. Zuerst zieht man eine Linie mit dem breitesten flachen Pinsel, dann werden weitere Linien mit den restlichen Pinseln gezogen. Natürlich können die feinsten Pinsel viel weniger Farbe aufnehmen als die breiten.*

Der Kopf des Flachpinsels wird für jede Art von Flecken und für größere Flächen benutzt.

▶ *Der Versuch mit dem Flachpinsel besteht darin, eine große Oberfläche vollständig abzudecken. Der Flachpinsel kann sehr viel Farbe fassen; er soll deshalb nicht übermäßig gesättigt werden.*

WIE MAN DIE FARBE AUFNIMMT

Zuerst bringt man ein wenig Farbe auf die Palette. Es ist nicht schwierig, die Farbe aufzunehmen, doch es besteht ein deutlicher Unterschied zwischen Aquarellfarbe aus Tuben oder Näpfchen. Befindet sich die Farbe erst einmal auf der Palette, wird sie auf die gleiche Weise mit dem Pinsel aufgenommen.

◀ *Handelt es sich um Tubenaquarellfarben, drückt man etwas Farbe in eine Ecke oder nahe an den Rand der Palette, um dann bequem mit dem Pinsel arbeiten zu können. Das Bild zeigt eine Palette aus Porzellan mit Mulden.*

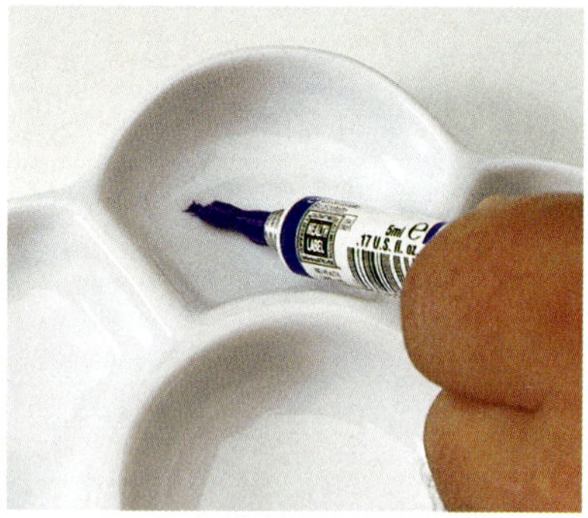

◀ *Benutzen Sie Aquarellfarben aus Näpfen oder in Stückchen, nehmen Sie die Farbe mit dem Pinsel auf, der mit reinem Wasser befeuchtet wurde, aber nicht träufeln soll. Man fährt mehrmals mit dem Pinsel über den Napf, bis die Farbe einweicht und den ganzen Pinselkopf durchtränkt. Nun können Sie Farbe auf die Palette bringen oder mit ihr malen.*

FEINKÖRNIGES PAPIER

Diese Art von Papier ist nicht besonders gut für Aquarelle geeignet, man kann auf ihm aber bestimmte Arbeiten, die ein hohes Maß an Detailtreue verlangen, leichter durchführen. Die feine Körnung ist praktisch ohne Struktur; so stößt der Pinselstrich beim Papier auf keinen Widerstand. Zu dünnes Papier sollte man gar nicht benutzen, da es sehr leicht wellt.

◀ *Dünne Blätter und ungekörntes Papier von sehr geringer Stärke dürfen nicht verwendet werden. Das Papier nimmt die Farbe schlecht an und wellt sich.*

MITTELKÖRNIGES PAPIER

Diese Sorte wird am häufigsten benutzt. Ihre Struktur eignet sich für jede Art von Arbeiten, von den filigransten bis zu den freiesten und expressivsten. Die meisten Aquarellblöcke werden mit dieser Papiersorte angeboten.

▶ *Dieser Versuch läßt sich leicht nachmachen: Sie nehmen zwei verschiedene Papiere und malen auf beide ähnliche Striche. Hier wurden ein sehr dünnes, feingekörntes und ein grobkörniges Papier benutzt. Auf beiden ziehen Sie den gleichen Pinselstrich. Das feingekörnte wurde von der Farbe überschwemmt und hat sich gewellt; auf dem grobkörnigen hat sich die Farbe gleichmäßig über das Papier verteilt, die Oberfläche blieb eben.*

Ziehen Sie gleiche Pinselstriche auf den drei Papiersorten, so werden Sie feststellen, daß, obwohl es sich um Papiere von hoher Grammzahl und mittlerer Körnung handelt, das Aquarellpapier unterschiedlich auf die Farbe reagiert. ◀

GROBKÖRNIGES PAPIER

Es ist deutlich strukturiert und wird nur für spezielle Arbeiten gebraucht. Diese Art von Papier wird nur in hoher Grammzahl hergestellt, und viele Hersteller produzieren es halb oder ganz von Hand.

KÄSTEN FÜR PINSEL

Die Kästen für Pinsel sind sehr nützlich, sowohl zum Transportieren, als auch zum Aufbewahren. Es gibt sie in vielen Größen, so daß sie sich den Maßen der verschiedenen Pinsel bestens anpassen. Beim Kauf eines Pinselkastens muß man die Menge der Pinsel im Auge haben, die in ihm Platz haben soll. Tut man wenige Pinsel in einen zu großen Kasten, so können die Spitzen beschädigt werden, wenn sie gegen die Holzwände stoßen.

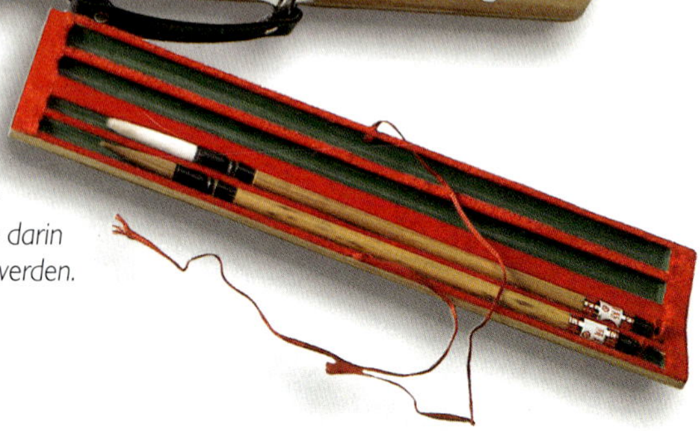

Etuis zur Aufbewahrung und zum Transportieren von Pinseln. Die Größe solcher Etuis muß im Verhältnis zu der Menge von Pinseln stehen, die darin aufbewahrt werden.

PINSELBEHÄLTER

Unter den Haushaltsgegenständen und Behältern, die nach dem Verzehr von Nahrungsmitteln wie Marmelade, Joghurt und Konserven übrigbleiben, sollte man alle Arten von Flüssigkeitsgefäßen, Dosen und Flaschen aufbewahren, da sie für das Aquarellmalen sehr nützlich sind.

PINSELHALTER AUS PLASTIK

Den Pinselhalter aus Plastik gibt es noch nicht lange auf dem Markt. Dieses Hilfsgerät eignet sich insbesondere für das Malen im Freien, da es hermetisch abgeschlossen ist und man die Pinsel im Wasser transportieren kann. Aber auch im Atelier ist es ein sehr nützliches Hilfsmittel, da die Pinsel an Befestigungen gehalten werden, die verhindern, daß die Spitze den Boden berührt oder das Holz des Stiels feucht wird.

Ein Glas kann als Behälter zur Aufbewahrung der Pinsel dienen, ein weißer Teller ist eine der besten Paletten beim Aquarellieren.

Dieser Pinselhalter aus Plastik kann hermetisch verschlossen werden, so daß die Pinsel an ihrem Stiel hängen, ohne den Boden zu berühren.

ATELIER UND FREIE NATUR

Die Aquarelltechnik eignet sich ebensogut für das Malen im Freien wie im Atelier. Es empfiehlt sich aber stets hinauszugehen, denn das Malen im Freien bereitet einfach mehr Spaß.

PALETTENKÄSTEN UND PALETTEN

Der Palettenkasten vereint in einem die notwendigen Arbeitsgeräte Palette und Farben, ohne daß man sie nach dem Malen reinigen muß. Unabhängig von der verwendeten Sorte der Aquarellfarbe sind die Paletten für die Arbeit im Atelier besser geeignet als für die Arbeit im Freien.

▶ Palettenkasten für Tubenfarben. Ein solcher Kasten ist sehr nützlich, da man in ihm die Farbe für spätere Sitzungen aufheben kann. Die Tuben werden gesondert aufbewahrt.

▼ Die Atelierpaletten sind meist aus weißer Keramik und somit leicht zu reinigen. Sie sind sehr nützlich, eignen sich aber nicht so sehr dafür, transportiert zu werden. Ein weißer Teller ist ebenso zu empfehlen wie die abgebildete Palette mit Mulden, in denen man die Farben mischen kann.

FARBE IN PORZELLANSCHALEN

Diese großen Schalen können zwar in der Freiluftmalerei benutzt werden, um Aquarelle in nur einer Farbe zu malen, ihre hauptsächliche Anwendung aber finden sie im Atelier. An den Rändern ist die Schale vertieft, damit der Pinsel aufgestützt werden kann.

▶ Näpfe aus weißer Keramik mit Farbe. Sie sind vor allem für das Aquarellieren im Atelier geeignet. Ihre Größe macht es etwas unbequem, sie zu transportieren und nach Belieben zu handhaben.

MALKÄSTEN

Die Miniaturkästen sind bei vielen Aquarellmalern sehr beliebt. Trotz ihrer geringen Maße ist die Qualität der Farben bisweilen außerordentlich gut. Diese kleinen Kästen und die darin enthaltenen Farben sind für die allermeisten Arbeiten sehr gut geeignet.

Dieser Palettenkasten ist ein kleines Wunderwerk. In ihm findet sich alles, was man zum Aquarellmalen braucht. Nach der Arbeit wird er zugeklappt und ist dann so klein, daß er in eine Handfläche paßt.

▼

DIE UNTERLAGE DES PAPIERS

Das Papier muß auf einer stabilen Fläche befestigt sein, einerseits, weil man eine feste Unterlage für das Malen mit dem Pinsel braucht, andererseits, um die Papieroberfläche zu spannen. Wenn das Papier mit Farbe angefeuchtet wird, dehnt und wellt es sich.

Das Papier muß auf einer harten Oberfläche, einem Brett oder einer Platte, an allen vier Seiten fixiert werden. So wellt es sich nicht, wenn es mit der nassen Farbe in Berührung kommt. Folgendes Zubehör wird meistens verwendet, um das Papier an dem Brett oder an der Platte zu befestigen: Klebeband (1) (2), Reißnägel mit drei Spitzen (3), Reißnägel mit großem Kopf (4) oder Heftklammern (5). Wenn das Papier etwa ein ähnliches Format wie die Unterlage hat, läßt es sich gut mit Heftklammern befestigen.

MAPPEN

Im Handel sind zahlreiche Arten von Mappen erhältlich, sowohl für praktische als auch für ästhetische Bedürfnisse. Die einfachsten bestehen aus festem Karton mit einem Rücken aus Stoff, der sie flexibel und leicht zu öffnen macht. Andere haben einen Reißverschluß und Plastiktrennwände. In ihnen kann man Bilder aufbewahren und auch vorführen, doch sind sie nicht besonders praktisch für die Verwendung im Freien, da sie sich verbiegen und das Papier nicht ausreichend stützen können.

Verschiedene Mappen für unterschiedliche Zwecke. In der Mappe mit Reißverschluß kann eine begrenzte Anzahl von Werken in Plastiktaschen aufbewahrt werden. Die kleine Mappe ist für kleinformatige Werke geeignet und kann als Stütze verwendet werden, obwohl sie leicht beschädigt wird. Die einfache Mappe aus Karton ist eine gute Unterlage zum Malen.

PAPIER MIT KLEBEBAND BESPANNEN

Dieses Verfahren ist einfach, und man erreicht hiermit, daß das Papier gespannt ist und sich auch dann nicht wellt, wenn man mit viel Wasser arbeitet.

▶ **Sie nehmen das Papier und machen es auf einer Unterlage aus Holz fest. Mit einem in sauberem Wasser getränkten Schwamm wird die Oberfläche naß gemacht.**

Ist das Papier feucht, befestigt man es mit Klebeband. Wenn das Papier getrocknet ist, spannt es sich wie ein Trommelfell. Nach dem Malen trennt man es mit einem Messer ab.

STAFFELEIEN FÜR DRINNEN UND DRAUSSEN

Die Staffelei ist eines der wichtigsten Arbeitsgeräte des Aquarellmalers. Dieses Hilfsmittel ermöglicht es, das Bild in der Höhe und Neigung abzustützen, die für die jeweilige Arbeitsweise angemessen ist. Es gibt Staffeleien in vielerlei Gestalt, Größe und Preislage – auf dieser Seite werden einige der praktischsten gezeigt. Da beim Aquarell mit Wasser gearbeitet wird, muß man die Farbe sehr gleichmäßig auf der Papieroberfläche verteilen, damit das Bild nicht überschwemmt wird. Die Arbeit auf einer fast vertikalen Fläche erleichtert das Verteilen der Farbe.

Die Staffelei macht es möglich, das Bild vertikal aufzustellen. Diese Position ist erheblich bequemer und stabiler als eine Oberfläche, wie sie ein loser Zeichenblock bietet.

TISCHSTAFFELEI

Sie ist klein, aber ausgesprochen nützlich für die Arbeit im Atelier. Selbst kaum größer als ein Notizbuch, kann sie doch recht große Formate tragen. Man stellt sie auf dem Arbeitstisch auf. Besonders nützlich ist sie für das Arbeiten im Sitzen.

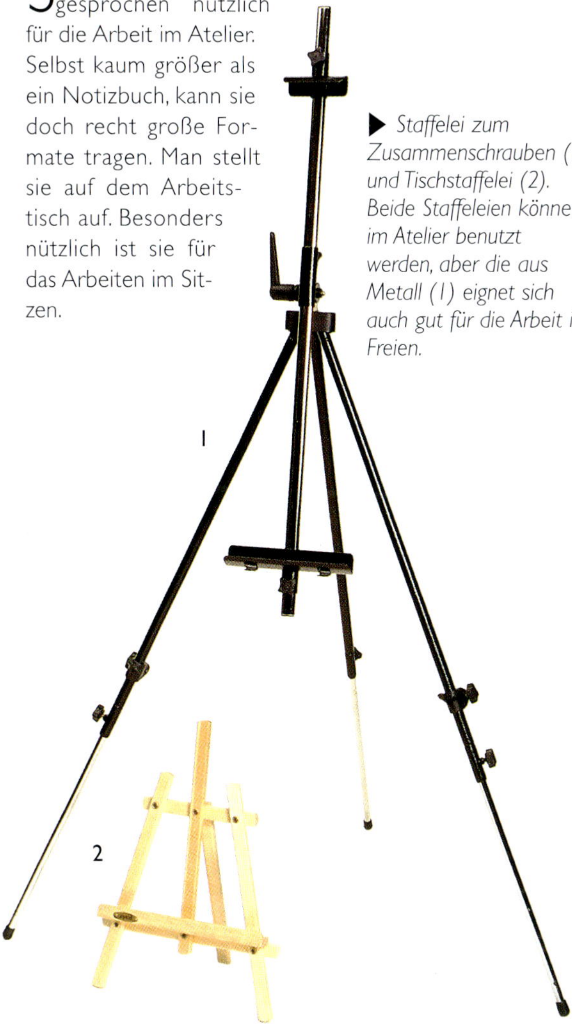

Staffelei zum Zusammenschrauben (1) und Tischstaffelei (2). Beide Staffeleien können im Atelier benutzt werden, aber die aus Metall (1) eignet sich auch gut für die Arbeit im Freien.

KASTENSTAFFELEI

Wer oft im Freien arbeitet, sollte eine Kastenstaffelei erwerben. Zwar ist sie etwas teurer als Kästen oder eine Staffelei für sich, doch erleichtert sie die Mobilität des Künstlers.

Wie schon der Name sagt, besteht die Kastenstaffelei aus einem Kasten für Bilder und Arbeitsgerät, an dem die Füße und eine verstellbare Stütze für das Bild festgemacht sind. Man kann sie sehr leicht mit einigen Metallschrauben aufbauen. So verfügt der Maler über ein kleines tragbares Atelier für Ausflüge ins Freie, mit allem Zubehör, das er für sein Handwerk braucht.

ZUBEHÖR

Bislang wurden die für die Arbeit des Aquarellmalers unbedingt notwendigen Materialien vorgestellt. Wer diese schöne Beschäftigung aber intensiver betreiben möchte, braucht noch etwas mehr Zubehör. Die meisten Arbeitsmaterialien für den Aquarellmaler sind leicht erhältlich, und viele von ihnen finden sich in jedem Haushalt.

▶

Gläser für Wasser, Pinsel und Bleistifte (1).
Scheren und Messer zum Schneiden von Papier und Schwämmen (2).
Lange und kurze Lineale zum Messen (3).
Winkelmaße zum Verkürzen des Papiers im rechten Winkel (4).
Küchenpapierrollen eignen sich am besten zum Aufsaugen von Wasser (5).
Klebeband, um das Papier zu befestigen (6).
Lappen zum Reinigen oder Abwischen (7).
Bleistifte und Kugelschreiber; der Aquarellmaler kann jedes Zeichenmaterial verwenden (8).
Klebstoff für Papier (9).
Fön, um das Trocknen des Aquarells zu beschleunigen (10).
Heftklammern und Reißnägel zum Befestigen des Papiers auf der Unterlage (11).
Alkohol läßt das Aquarell schneller trocknen (12).
Glyzerin verzögert das Trocknen des Aquarells (13).

BEDEUTUNG DES ATELIERS

Der Künstler muß über einen Platz verfügen, der ausschließlich seiner Malerei gewidmet ist. Es kann ein kleines Zimmer sein, die Ecke eines Raumes, sogar eine winzige Abstellkammer. Das Licht ist sehr wichtig: Ideal ist ein großes Fenster, aber wo dies nicht vorhanden ist, genügt auch eine gute elektrische Beleuchtung.

▶ *Der Maler sollte eine Ecke der Wohnung umbauen, in der er aquarellieren kann, ohne daß er seine Gerätschaften jedesmal neu aufbauen muß, wenn er sich an die Arbeit machen will. Der Raum muß nicht groß sein, aber bequem. Die verschiedenen Materialien müssen stets ordentlich und sauber zur Hand sein.*

TROCKENGERÄTE

Die Arbeit des Aquarellmalers beruht oft darauf, Farben aufeinanderzusetzen. Wie wir später noch sehen werden, soll die Farbe sich oft nicht mit der darunterliegenden Schicht vermischen. Um das zu verhindern, muß das Papier ganz getrocknet sein. Das Trocknen läßt sich mit einem Fön beschleunigen.

▼ *Man sollte einen alten Trockner benutzen, der im Haushalt nicht mehr verwendet wird. Da man beim Aquarell mit viel Wasser arbeitet, muß man aufpassen, daß man mit dem Trockner nicht an die nasse Oberfläche kommt.*

1 Die Tuschzeichnung

Die Tuschzeichnung ist die beste Möglichkeit, erste Erfahrungen im Aquarellieren zu sammeln. Lernt man die Möglichkeiten dieser Technik, fällt es erheblich leichter, sich mit den komplexeren und vielfarbigen Verfahren zu beschäftigen. Erst einmal soll nur eine Farbe benutzt werden. Sie können die gezeigten Beispiele auch mit verschiedenen Farben ausprobieren, jedoch ohne sie jetzt schon zu mischen.

DIE FARBE UND DAS WASSER

Die Farbe wird in nicht zu großer Menge auf die Aquarellpalette gegeben. Aquarellfarbe aus der Tube ist auf der Palette dichter und konzentrierter als die harte Farbe aus Näpfchen, die der Pinsel erst einweicht, wenn er sie befeuchtet. Die Tubenfarben sind pastos und konzentrierter als die aus Näpfchen. Ist die Farbe auf der Palette, fügt man mit dem Pinsel Wasser hinzu. Je mehr Wasser Sie verwenden, desto transparenter wird der Ton.

▶ *Verwendet man Tuben, ist es sehr leicht, Farbe auf die Palette zu geben. Bei der Farbe in Stückchen dagegen müssen Sie zuerst den Pinsel mit Wasser anfeuchten und die Farbe im Napf naß und weich machen, schließlich die Farbe auf die Palette auftragen, so wie hier auf eine Palette aus weißer Keramik, wobei Sie auch den Deckel des Kastens benutzen können.*

AUFNEHMEN UND VERDÜNNEN DER FARBE

Befindet sich die Farbe auf der Palette, nimmt man ein wenig Farbe und gibt sie in eine Mulde. Sie können etwas Wasser mit dem Pinsel hinzufügen, um sie aufzuhellen.

Man bemalt das Papier mit der nicht zu feuchten Farbe, wäscht den Pinsel mit Wasser aus, streift überschüssige Farbe ab und verdünnt sie. Trägt man die Farbe mit dem feuchten Pinsel auf, wird der Ton heller. Je öfter dieser Vorgang wiederholt wird, desto heller werden die Töne der Lavierung. ▼

VERLAUF AUF FEUCHTEM GRUND

Wird das Papier zuvor naß gemacht, läßt sich eine Lavierung leichter erzeugen.

◀ *Man malt mit dem Pinsel Farbe an das obere Ende der Abstufung. Da das Papier naß ist, breitet sich die Farbe leicht aus. Je weiter die Farbe sich ausdehnt, desto heller ist der Ton.*

◀ *Mit einem sauberen Pinsel wird nun der Bereich naß gemacht, in dem die Lavierung verlaufen soll. Die Farbe breitet sich auf der angefeuchteten Spur aus.*

VERSCHMELZEN VON TÖNEN

Die Tuschzeichnung beruht auf einem sehr einfachen Verfahren: Es besteht nur darin, die Farbe mit dem feuchten Pinsel anzunehmen, sie auf das Papier zu befördern und mit einer größeren Menge Wasser zu verdünnen, damit sie heller wird. Diese Lavierung vereint sich mit dem Malgrund, wenn sie in das Weiß des Papiers übergeht und kaum noch ein Unterschied zu erkennen ist.

▶ *Wie schon gezeigt, kann die Farbe, die man von der Palette nimmt, recht dunkel sein, besonders, wenn es sich um Farbe aus der Tube handelt. Diese Farbdichte sorgt für einen deckenden Ton.*

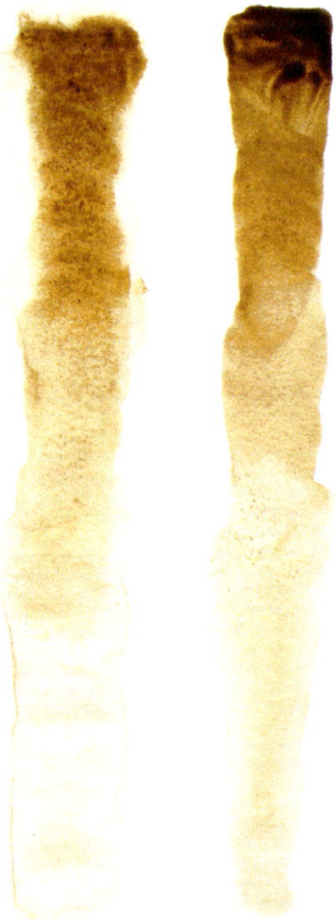

◀ *Die vorangegangene Lavierung sollten Sie auch einmal auf einem zuvor angefeuchteten Grund ausprobieren: Die Abstufung auf der linken Seite wurde auf trockenem, die rechts auf einem zuvor befeuchteten Grund gemalt; die Ergebnisse sind recht unterschiedlich. Später werden beide Techniken näher erklärt.*

▶ *Wenn der gesäuberte und wieder angefeuchtete Pinsel erneut auf den gemalten Farbfleck gesetzt wird und man ihn in einer Zickzacklinie nach unten zieht, mischt sich die ursprüngliche Farbe mit der Feuchtigkeit des Pinselhaars – der Ton wird heller. Feuchtet man den Pinsel nochmals an und wiederholt den Vorgang, wird der Ton immer durchsichtiger, bis er schließlich mit der weißen Farbe des Papiers verschmilzt. Diese Übung eignet sich gut als Einführung in die Tuschzeichnung. Noch umfassendere und interessantere Übungen werden später beschrieben.*

◀ *Diese Landschaft wurde in einer einzigen Farbe gemalt. Die Farbtöne werden durch das Hinzufügen von Wasser zur Originalfarbe erreicht, oder indem man mit konzentrierterer und kräftigerer Farbe direkt in die dunklen Bereiche geht.*

DAS WEISS DES PAPIERS

Je nach der Wassermenge, die man zur Farbe auf der Palette hinzufügt, wird diese heller und leuchtender. Je weniger Wasser die Farbe enthält, desto undurchsichtiger erscheint sie. Die weiße Farbe gibt es beim Aquarell nicht: Weiß ist die Farbe des Papiers.

▼ *Gibt man in ein Wasserglas mehr Farbe, sieht man diese immer deutlicher, aber gleichzeitig wird das Wasser undurchsichtiger. Beim Aquarellieren passiert genau dasselbe: An den transparentesten Stellen kann man das Weiß des Papiers sehen. Je mehr die Transparenz abnimmt, um so dichter und dunkler wird die Farbe.*

▼ *Zum dunkelsten Ton fügt man nur soviel Wasser hinzu, wie nötig ist, um die Farbe auftragen zu können. Je mehr Wasser Sie mit dem Pinsel auf der Palette hinzufügen, desto heller wird der Ton. Man erkennt, daß der hellste Ton gleichzeitig der transparenteste ist. Die weiße Farbe ist die des Papiers.*

Dieses Bild zeigt eine schöne Schneelandschaft. Die Arbeit ist technisch sehr komplex, kann aber als ein gutes Beispiel für Transparenz beim Aquarell dienen. Da es in der Aquarelltechnik keine weiße Farbe gibt, erreicht man deren unterschiedliche Schattierungen, indem man von der Tuschzeichnung der verschiedenen Farben ausgeht. Die größtmögliche Helligkeit ist das Weiß des Papiers. Daher verwendet man beim Aquarell auch kein farbiges Papier. ▼

Dies ist eine kleine Übung, in der die Pinselzeichnung und die abgestufte Lavierung erprobt werden sollen. Dabei spielt es keine Rolle, wenn diese ersten praktischen Versuche noch weit vom endgültigen Ergebnis entfernt bleiben. Es geht hierbei darum, das Verfahren öfter zu wiederholen und sich so allmählich dem Motiv zu nähern. Die Aufmerksamkeit soll sich lediglich auf den Gebrauch des Pinsels als Werkzeug zum Zeichnen richten. Es soll, wie schon zuvor, der abgestufte Verlauf in einer einzigen Farbe betrachtet werden, um dabei die Töne zu studieren.

▶ *Zuerst zeichnet man den Umriß der Frucht mit einer durchgehenden und konstanten Linie. In diese Kontur malt man dann mit dem gleichen Ton, fügt aber noch etwas Wasser hinzu.*

▶ *Fahren Sie nun fort, das Innere der Birne auszumalen, allerdings nicht vollständig. Eine Stelle bleibt frei; sie entspricht dem Lichtreflex. Bevor der Pinsel trocknet, feuchtet man ihn in einem dunkleren Ton an und zieht die gebogene Linie. Da der Hintergrund noch immer sehr naß ist, mischt sich der neue Ton sehr schnell.*

ZEICHNUNG UND TUSCHZEICHNUNG

Obwohl man für die Tuschzeichnung Aquarellfarben benutzt, steht diese Technik der Zeichnung sehr nahe. Ob man nun über zeichnerische Erfahrungen verfügt oder nicht, es läßt sich zeigen, daß die Wirkungen, die sich mit den Mitteln der Tuschzeichnung erreichen lassen, denen der Zeichnung ähneln. Das Lavieren gleicht dem Verwischen, und die Monochromie (der Gebrauch nur einer Farbe) erlaubt in beiden Fällen eine große Vielfalt von Tönungen.

▼ *Sie lassen den Pinsel abtropfen und verteilen den Farbton mit leichten Pinselstrichen. In den dunkleren Bereichen fügen Sie etwas konzentriertere Farbe hinzu (nicht zuviel Wasser). Dies ist die praktische Anwendung einer Lavierung, ausgehend von einer Tuschzeichnung.*

Dieses Beispiel zeigt, wie die Technik der Tuschzeichnung eine Linienführung wie bei der Zeichnung ermöglicht. Solche Übungen sind sehr zu empfehlen, um sich mit den Möglichkeiten des Pinsels und der Malerei vertraut zu machen. ▼

Schritt für Schritt

Landschaft

Die Tuschzeichnung ermöglicht es, verschiedene Töne derselben Farbe zu erzeugen, je nach der Menge Wasser, die man der Farbe auf der Palette hinzufügt. Wenn man die bereits beschriebenen Verfahren verstanden hat, wird die folgende Übung keine besonderen Schwierigkeiten bereiten. Bevor Sie zu malen beginnen, sollten Sie sich noch einmal aufmerksam die im theoretischen Teil der Lektion entwickelten Punkte ansehen.

MATERIAL

Aquarellfarbe und Palette (1), mittelkörniges Aquarellpapier (2), Aquarellpinsel (3), Bleistift (4), Klebeband (5), Brett als Unterlage, Papier (6), Wasserglas (7) und Lappen (8).

1. Nun wollen wir die grundlegenden Verfahren anwenden, die bisher besprochen wurden. In einer Reihe von Schritten kann man sehr leicht ein schönes Landschaftsbild aufbauen. Zuerst zeichnen Sie mit dem Bleistift eine einfache Skizze, die nicht unbedingt genau wie diese, aber doch so ähnlich aussehen sollte. Auf dem unteren Teil des Papiers ziehen Sie eine gerade Linie, auf ihr skizzieren Sie ein kleines Haus und ein paar Bäume. Darüber zeichnen Sie eine erste Gebirgslinie und etwas weiter oben höhere Berge.

2. Zuerst macht man mit Pinsel und sauberem Wasser das ganze Blatt naß. Bevor es völlig getrocknet ist, feuchten Sie den Pinsel mit der Farbe Siena an und ziehen einen Strich durch den ganzen oberen Bereich. Da das Papier feucht ist, verteilt sich die Farbe auf dem Blatt. Waschen Sie den Pinsel und lassen Sie ihn wieder abtropfen, um die Farbe zu strecken. Das Vorgehen wird wiederholt, bis man den hellsten Ton erreicht. Dann nehmen Sie einen etwas dunkleren Ton mit dem Pinsel auf und malen damit die Berge im Hintergrund.

> Eine Stelle, die weiß bleiben soll, wird nicht bemalt, die Pinselstriche sparen sie aus. Soll ein Bereich ganz weiß bleiben, darf man ihn auch nicht mit sauberem Wasser naß machen.

3. Zunächst malt man die Abstufung des Himmels, dann die Berge im Hintergrund. Wenn man sie anmalt, ist der Bereich des Himmels immer noch feucht. So breitet der dunklere Ton der Berge sich am Rand in den Himmel hinein aus.

> Achten Sie darauf, das Wasser wohl zu dosieren, wenn Sie es mit dem Pinsel aufnehmen. Es darf nicht zuviel Wasser auf dem Papier verlaufen.

4. Nehmen Sie etwas Farbe von der Palette. Der Pinsel soll nur wenig Wasser aufnehmen, aber auch nicht ganz trocken sein, um einen dunklen, aber nicht zu konzentrierten Ton zu erzeugen. Auf das Gebirge im Hintergrund malt man ein weiteres: Es liegt näher als das vorhergehende. In diesem Fall ist der Hintergrund sehr viel trockener, der neue Ton vermischt sich nicht mit dem vorhergehenden. Beim Auftragen des neuen Tons läßt man die Stellen frei, die für Bäume und Haus vorgesehen sind. Im Vordergrund ziehen Sie einen langen Pinselstrich.

5. Wie Sie gesehen haben, ist die Arbeit bislang einfach und bringt keine größeren Schwierigkeiten als die Wahl der hellen und dunklen Töne mit sich. Gibt man Wasser hinzu, wird der Ton heller. Nimmt man reinere Farbe, wird er dunkler. Die Zeichnung dient der Grundorientierung beim Abgrenzen der Bereiche: Dies gilt grundsätzlich für die Arbeit mit Aquarell. Nun nehmen wir einen dunklen Ton, fast ohne Wasser, und malen mit der Pinselspitze die Bäume. Nicht der ganze ausgesparte Bereich wird bemalt – der obere Teil bleibt weiß.

6. Denselben dunklen Ton, den wir für die Bäume in der Mitte verwendet haben, nehmen wir auch für die Bäume im rechten Teil. Diese Bereiche unterscheiden sich von den vorangegangenen: Hier werden zwei dunkle Tonabstufungen miteinander kombiniert.

Die Vorzeichnung dient beim Aquarell der grundlegenden Orientierung. Bevor man mit dem Malen beginnt, ist es erforderlich, daß die Linien sich, wenn auch unauffällig, am richtigen Ort befinden.

7. Mit der dunklen Farbe für die Bäume wird nun der Kontrast des Berges auf der linken Seite des Bildes verstärkt. Außerdem werden die übrigen Bäume auf der rechten Seite zu Ende gemalt. Warten Sie einige Minuten, bis das Bild ganz trocken ist. Dann bemalen Sie das Häuschen in einem sehr hellen Ton, lassen aber den dreieckigen Teil weiß, der seine Wand abschließt. Wieder muß man warten, bis die vorhergehende Farbschicht getrocknet ist, bevor man den dunkleren Ton der im Schatten liegenden Wände malt. Dann können die dunklen Töne gemalt werden, ohne daß ihre Konturen sich mit dem vorhergehenden Ton vermischen. Die Vorzeichnung erlaubt präzises Arbeiten, da sie die Begrenzungen der Pinselstriche anzeigt.

8. Es lösen sich nun die dunkelsten Kontraste. Der Ton sollte aus Farbe mit möglichst wenig Wasser bestehen. Benutzen Sie Aquarellfarben aus der Tube, ist das kein besonderes Problem, da die Farbe weich und pastos ist, so geschmeidig, daß schon ein leicht befeuchteter Pinsel sie annimmt. Verwenden Sie dagegen Farbe aus Näpfen, müssen Sie sie eine ganze Weile mit etwas Wasser anrühren, um die richtige Intensität zu erreichen.

ZUSAMMENFASSUNG

Der Hintergrund besteht aus einer lavierten Tuschzeichnung. Zuerst feuchtet man den entsprechenden Bereich an. Bevor er trocknet, zieht man einen langen, dunklen Pinselstrich. Man spült den Pinsel aus und fährt wiederholt über das Papier, um den Ton zu strecken.

Malen Sie, solange **die untere Schicht** noch nicht völlig trocken ist: so verschmelzen die Grenzen miteinander.

Sehr dunkle Töne enthalten kaum Wasser. Der Pinsel muß aber etwas feucht sein, damit die Farbe gut aufgenommen und über die Papieroberfläche verteilt werden kann.

Ein dunklerer Ton wird durch weniger Wasser erreicht.

Die weißen Flächen entsprechen der Farbe des Papiers.

2 Farbtheorie

DIE DREI PRIMÄRFARBEN

Die drei Grund- oder Primärfarben sind Gelb, Rot und Blau. Aus ihnen können alle anderen Farben hergestellt werden. Man kann auch nur mit den Grundfarben malen, ohne sie zu vermischen. Die reinen Farben werden benutzt, als wären es unabhängige Töne in drei verschiedenen Farben, obwohl dies nicht wirklich so ist, da die Tuschzeichnung nur mit einer Farbe oder der Mischung aus zwei Farben gemalt wird. Diese Frage soll aber später untersucht werden.

Es gibt unendlich viele Farben, jede von ihnen wird jedoch aus den drei Primär- oder Grundfarben gebildet: Gelb, Rot und Blau. Wenn man zwei Grundfarben miteinander mischt, ist das Ergebnis eine Sekundärfarbe. Jeder echte Kunstliebhaber muß wissen, wie die verschiedenen Farben aufeinander reagieren. So kann man eine gute Palette erstellen, und die Nuancen, die man dem Bild hinzufügt, sind nicht zufällig, sondern durchdacht.

▶ 1. Ordnen Sie die drei Primärfarben auf der Palette mit genügendem Abstand an, so daß sie sich nicht miteinander vermischen. Nun beginnt eine einfache Übung, die an die aus dem vorigen Kapitel erinnert. Sie besteht in der Abstufung aller Palettenfarben, um die tonalen Möglichkeiten jeder Farbe zu studieren. Wir beginnen mit der hellsten Farbe, dem Gelb. Der Pinsel wird angefeuchtet, die Farbe ein wenig gestreckt, und die Pinselhaare nehmen die Farbe an.

2. Malen Sie eine Abstufung in Gelb, der leuchtendsten der drei Farben, die als hellste das Licht am besten reflektiert. Ohne die Farben auf der Palette miteinander zu mischen, werden zwei Abstufungen erzeugt, eine in Rot, die andere in Blau. Mit diesen drei Farben erzielt man eine breite Skala von Tönen.
▼

3. Der letzte Teil dieser Übung besteht darin, eine einfache Blume zu malen, wobei die Farben sich möglichst nicht mischen sollen. Das ist etwas schwierig, da sich feuchte Töne verbinden und neue Farben entstehen.
▼

ZWEI FARBEN AUF DER PALETTE

Zwei miteinander gemischte Farben ergeben eine dritte, deren Reinheit vom Mischverhältnis der beiden Farben abhängt, aus denen sie besteht. In der Tuschzeichnung mit zwei Farben kann die Farbe, die beim Mischen entsteht, von denen abweichen, aus denen sie entstanden ist. Verbindet man die Abstufung mit dem Wechsel der Farbe, kann man Übergangstöne schaffen, die sich langsam verändern, bis sie in die endgültige Mischfarbe einmünden.

▶ 1. Geben Sie zwei Farben auf die Palette. Mit dem Pinsel ziehen Sie einen Teil der einen Farbe in die Mitte. Reinigen Sie ihn und tragen Sie an dieselbe Stelle ein bißchen von der anderen auf. Beim Vermengen entsteht eine dritte Farbe.

▶ 2. Wenn beim Mischen das Verhältnis zwischen beiden Farben aus dem Gleichgewicht gerät, wird der enstandene Ton zu der Farbe tendieren, die stärker in der Mischung vertreten ist. Fügen Sie eine größere Menge Wasser hinzu, erreichen Sie leuchtendere und transparentere Töne.

3. Versuche werden auf dem Papier ausgeführt. Auf der Palette sind die Töne nie endgültig. Auf dem Papier kann man viel besser beobachten, welche Färbung sie annehmen, wenn sie vollständig getrocknet sind. ▼

▼ *Durch Mischen auf dem Teller kann man aus zwei Tönen eine reichhaltige Palette erstellen. In Wirklichkeit ist sie noch viel umfassender, da alle möglichen Zwischentöne der beiden Farben und die unterschiedliche Intensität, je nach ihrer Transparenz auf dem Papier, hinzukommen.*

In dieser interessanten Übung lernen wir den Übergang von einer Farbe zur anderen verstehen. Zur ursprünglichen Farbe fügt man etwas Sekundärfarbe hinzu. Den Effekt können wir in jeder Abstufung beobachten. ▼

SEKUNDÄRFARBEN

Bisher wurde das Malen mit einer einzigen Farbe, mit den primären Farben und mit Mischtönen aus zwei Farben behandelt. Mischt man zwei Primärfarben, so entsteht eine Sekundärfarbe. Zu Anfang sind die Mischungen zwischen den Farben vielleicht nicht ganz leicht zu verstehen, aber mit etwas Übung lassen sie sich gut beherrschen. Es empfiehlt sich, die auf diesen Seiten gezeigten Versuche selbst zu machen, denn die Theorie läßt sich viel besser verstehen, wenn man das Erklärte praktisch umsetzt.

1. Um eine Sekundärfarbe zu erzeugen, muß man stets von zwei Primärfarben ausgehen. In diesem Versuch benutzt man dieselben Farben wie für die Übungen mit Grundfarben. Nun mischen wir die Farben in der Mitte der Palette. Um eine Sekundärfarbe zu erreichen, muß man eine Primärfarbe mit einer anderen mischen, so daß etwa, mischt man Gelb mit Blau, die Sekundärfarbe Grün erzeugt wird.

▼ 2. Man kann Sekundärfarben auch auf der Palette erzeugen, aber besser ist es, die Versuche auf dem Papier anzustellen. Zuerst wurden Gelb und Rot gemischt: Das Ergebnis ist Orange, eine Sekundärfarbe. Im zweiten Fall wurde Gelb mit Blau gemischt: Entstanden ist Grün, eine weitere Sekundärfarbe. Schließlich mischen wir Rot und Blau: Das Resultat ist die Sekundärfarbe Violett.

3. Man geht von den drei Grundfarben aus, um die Sekundärfarben zu erlangen. So kann man mit nur drei Farben alle Töne in der Natur erzeugen. Vergleichen Sie diese Blume mit der, die zu Beginn des Kapitels gemalt wurde (siehe Seite 25), sehen Sie, wie durch das Mischen Farbreichtum entsteht. ▼

▶ 1. Zuerst benutzen wir nur eine Grundfarbe. Für diese Übung wurde Blau gewählt. Sie müssen das Papier nicht naß machen, sondern können gleich mit dem Pinsel ein paar lange, vertikale Pinselstriche machen. Unten zieht man energisch ein paar kurze Zickzacklinien. Wenn die Farbe des Pinsels fast verbraucht ist, malt man mit nur wenig Farbe die feinen Linien der Zweige.

VON DER EINFARBIGKEIT ZUM FARBREICHTUM

Am Anfang muß man viel mit den Farben experimentieren, sowohl auf der Palette als auch auf dem Papier. Die Einfarbigkeit ist die Technik der Tuschzeichnung; kommen Farben hinzu, erlangt man andere, neue Techniken. Schließlich kann man mit nur drei Grundfarben eine breite Farbskala erreichen. In dieser Übung werden die wichtigsten Erkenntnisse über die Farbe zusammengefaßt. Zuerst nimmt man nur eine Farbe, dann kommt eine andere hinzu, und schließlich die drei Grundfarben, aus denen sich alle Farben des Regenbogens bilden lassen.

▶ 2. Direkt nachdem Sie mit Blau gemalt haben, nehmen Sie, bevor die blaue Farbe ganz trocknet, Gelb und beginnen, den Hintergrund zu malen. Durch die Verbindung mit der anderen Grundfarbe entsteht eine Mischung. Im Gras und an den Stellen, wo das Blau der Zweige feucht wird, ergibt sich die Sekundärfarbe Grün. Auf der linken Seite malen Sie einen kräftigen Saum in Rot. Um diese Farbe herum malen Sie in Gelb. An einigen Stellen benutzt man eine größere Menge Gelb, an anderen eine geringere. Das Ergebnis der Mischung von Rot und Gelb ist eine Vielfalt von Orangetönen, einer weiteren Sekundärfarbe.

▶ 3. Auf der Palette mischen wir Rot mit Blau und beobachten, wie sich eine neue Sekundärfarbe bildet, das Violett. Mit den verschiedenen Nuancen des Violetts bemalt man die kleinen Bäume links und verdunkelt den Baumstamm rechts.

Schritt für Schritt

Blumen in drei Farben

Ein geeigneter Gegenstand für eine erste Farbstudie ist ein Blumenstrauß. Die Grundfarben sind Gelb, Blau und Rot, aus ihnen lassen sich alle anderen mischen. Es wurde ein Strauß mit einer Fülle von Farbtönen ausgewählt, doch auf der Palette befinden sich nur die drei Grundfarben. Trotzdem lassen sich mit etwas Übung alle Farben dieses Stillebens erzeugen.

MATERIAL

Aquarellpapier (1), weißer Teller (2), Aquarellfarben: Gelb (3), Rot (4) und Blau (5), Bleistift (6), Aquarellpinsel (7), Wasserglas (8).

1. Die Vorskizze wird sehr genau gezeichnet. Das Aquarellbild ist durchsichtig, und wir orientieren uns an den Linien, um die entsprechenden Bereiche mit Farbe zu füllen. Die Zeichnung soll weder Schatten noch überflüssige Details enthalten, doch muß jeder der Bereiche, die bemalt werden sollen, zu erkennen sein. Sind die Blumen gezeichnet, mischt man Blau und Rot auf der Palette und erhält ein Violett, mit dem die oberen Blumen ausgemalt werden. Sie werden unterschiedlich intensiv gemalt, die eine mit mehr Rot und wenig Wasser, die andere transparenter.

2. In reinem Rot beginnt man die Blumen dieser Farbe zu malen. Die helleren Blumen malen wir in reichlich verdünntem Rot, die dunkleren mit derselben Farbe, nehmen aber weniger Wasser. Da es beim Aquarell keine weiße Farbe gibt, sondern man die Farbe des Papiers benutzt, zeichnet man mit dem Pinsel nur den Umriß des Gänseblümchens.

Hat man einmal eine Farbe erzeugt, kann man sie auf der Palette transparenter machen, indem man mit dem Pinsel Wasser hinzufügt.

3. Mit Gelb und Blau erlangt man ein gelbliches Grün. Damit der Ton zum Gelben tendiert, muß er weniger Blau enthalten. Um das Mischverhältnis kontrollieren zu können, muß man stets kleinere Mengen der dunklen Farbe über die hellere setzen. Auf diese Art können Sie immer die Intensität des Tons bestimmen.

4. Mit Gelb und Blau erzeugt man die Farbe Grün. Fügt man dieser Farbe etwas Rot hinzu, so erlangt man einen bräunlichen Farbton. Diese Farbe wird stark mit Wasser verdünnt. Mit ihr färbt man den ganzen Hintergrund, muß aber aufpassen, daß sie sich nicht mit den vorher gemalten Farben vermischt. Beim Malen des Hintergrunds darf man nicht in die Bereiche hineingehen, in denen man mit hellen Farben malen wird, ebenso nicht in die Gebiete, die weiß bleiben sollen.

5. Auf die gleiche Art, wie zuvor das Violett erzeugt wurde, stellen wir nun eine andere, aber sehr viel dunklere Farbe her. In diesem Fall erzeugt man ein Violett mit Tendenz ins Rote. In diesem dunklen Ton malen wir die oberen Blumen. Mit einem sehr reinen, nicht zu stark verdünnten Gelb beginnt man die hellen Stellen der Blumen zu malen.

Die Mischung von zwei Primärfarben ergibt eine Sekundärfarbe. So ergeben Gelb und Blau zusammen die Farbe Grün. Gelb gemischt mit Rot ergibt Orange. Mischt man Rot mit Blau, so erhält man Violett.

6. Dies ist die Palette der bislang verwendeten Farben. Achten Sie darauf, wie sich die Farben vermischen: Links sieht man die grüne Farbe, die für die Stengel benutzt wird. Rechts davon, auf dem blauen Fleck, befindet sich ein gelber Fleck, der hier ein sehr viel dunkleres Grün erzeugt. In der Mitte der Palette sind sehr viel flüssigere Farben. Man sieht auch den vom wiederholten Abstreifen der Pinsel befleckten Tellerrand.

7. Die Stiele und Blätter der Blumen malen wir in zwei Grüntönen, einem sehr leuchtenden, in dem Gelb dominiert, und einem dunkleren und dichteren, der mit mehr Blau und etwas Rot gemischt wurde. Fügt man diesem Ton Gelb hinzu, so erhält man die verschiedenen Orangetöne der Blumen weiter unten. Bevor die orange Farbe trocknet, setzt man ein paar kleine Pinselstriche Rot darauf, die zart mit dem Orange verschmelzen. Wieder in Violett, gemischt aus Rot und Blau, malt man die Blätter der oberen Blumen. In nicht zu sehr mit Wasser verdünntem Rot malt man dann die dunkelsten Blätter der rötlichen Blumen.

8. In Rot malen Sie schließlich die Blumen im unteren Teil des Bildes. Über diesen Ton soll ein dunklerer gesetzt werden, daher mischt man auf der Palette ein bißchen Blau in das Rot. Für die Vase mischt man Rot und Gelb, so daß man einen Orangeton erhält. Nun fügen wir noch etwas Blau hinzu, und die Farbe geht ins Bräunliche. In diesem Ton erzeugen wir eine Abstufung von der rechten zur linken Seite, wobei wir die Stelle weiß lassen, die dem Lichtreflex entspricht. So kann man dieses Blumenmotiv, das nur mit den drei Grundfarben gemalt wurde, als abgeschlossen ansehen.

ZUSAMMENFASSUNG

Diese **gelbe Farbe** ist ganz rein. Damit sie nicht verschmutzt, darf sie erst aufgetragen werden, wenn die übrigen Farben vollständig getrocknet sind.

Grüne Farbe, gemischt aus Blau und Gelb.

Orange Farbe, gemischt aus Rot und Blau.

Leuchtendes Violett. Zuerst wurde die violette Farbe aus Blau und Rot gemischt, dann mit Wasser auf der Palette verdünnt.

Dunkles Violett mit Tendenz zum Roten. Um Transparenz zu vermeiden, geben Sie nur sehr wenig Wasser hinzu.

THEMA

3 Farbskalen

DIE KALTE FARBSKALA

Unter dem Gesichtspunkt der Farbtemperatur lassen sich die Farben in Familien unterteilen. Eine Farbskala ist eine Gruppe von Farben, die miteinander verwandt sind und sich harmonisch zueinander verhalten. Betrachtet man eine monochrome Abstufung, so sieht man eine tonale harmonische Farbskala dieser Farbe. Setzt man daneben ähnliche Farben oder Töne, die besagte Farbe enthalten, so erstellt man eine chromatische oder harmonische Skala.

▶ *Die Skala der kalten Farben bildet jene Töne, die man aus Gelb und Blau mischt, also der ganze Bereich von Gelb-, Grün- und Blautönen. Man kann auch Rot in solchen Mengen hinzufügen, daß die blauen Töne violett werden. Die Farbskala läßt sich um die Möglichkeiten der Transparenz erweitern, indem man die Farbe verdünnt. Es ist wichtig, diese einfachen Übungen und Mischungen auszuführen, um das Wesen der Farben zu verstehen.*

Auf den Farbskalen können diese fremden Farben hinzukommen. Zum Beispiel können Sie einer warmen Farbskala Grün hinzufügen, um durch Mischen gelbliche oder wärmere Grüntöne zu erzeugen.

◀ 1. Bemalen Sie den Teil der Landschaft, der dem Himmel entspricht, mit einer Mischung aus Blau und Grün. Den Teil, der den Wolken entspricht, lassen Sie einfach frei, so daß Sie das Weiß des Papiers sehen. Der benachbarte Bereich wird mit einer sehr dunklen, blaugetönt violetten Farbe bemalt.

◀ 2. Den unteren Bereich bildet ein transparentes Grün. Darüber malt man in verschiedenen kobaltblauen Tönungen, so daß der ganze Vordergrund erheblich dunkler als die vorhergehende Farbe ist. Dieselbe blaue Farbe nimmt man auch für die Bäume und die Hauswand im Schatten. Die weiße Wand lassen wir ganz ohne Farbe. Sie reflektiert die Helligkeit des Papiers. Wie man sieht, wurden für dieses Beispiel nur kalte Farben in verschiedenen Abstufungen und Intensitäten verwendet; man spricht hier von der kalten harmonischen Skala.

DIE WARME FARBSKALA

Die Skala der warmen Farben setzt sich aus der Gesamtheit der roten, magentafarbenen und gelben Töne und deren Mischungen zusammen. Ebenso wie zur Skala der kalten Farben das Rot hinzugefügt werden kann, um violette Töne zu erreichen, kann zu dieser Skala das Blau hinzukommen, um warme Töne zu nuancieren.

▶ *Dies ist ein gutes Beispiel für die warme Skala. Die Farben müssen nicht rein sein, aber die meisten verbindet eine harmonische Gemeinsamkeit. Um den Kontrast zur übrigen Skala zu mindern, wurde das Grün mit Gelb und etwas Orange gemischt. Zu einer warmen Skala können Farben anderer Farbskalen hinzukommen, solange sie sich nicht als dominant erweisen.*

▶ 1. Aus Rot und Gelb mischen wir ein leuchtendes Orange, das für den ganzen Himmel dieser einfachen Landschaft verwendet wird. Auf der rechten Seite malt man mit einer Erdfarbe, dem Siena. Die Erdfarben liegen in der warmen Skala, wenngleich es auch Erdböden gibt, die sich der kalten Skala annähern. Für den unteren Teil nehmen wir Grün; aber damit die Farbe sich in die harmonische Skala einfügt, wird sie mit Orange gemischt, so daß ein dem Ocker nahestehender Ton entsteht.

Komplementärfarben sind diejenigen, die einander im Farbenkreis gegenüberstehen. Die Komplementärfarben kontrastieren und verstärken sich ausgesprochen wirkungsvoll: Komplementärfarben sind Gelb und Violett, Rot und Grün, Blau und Orange.

▶ 2. Den Hintergrund schließt man in mit etwas Rot gemischtem Siena ab. Den Teil, der die Bildebenen trennt, malt man fast Schwarz, läßt aber den Bereich unbemalt, der den Baumstümpfen entspricht. Der Weg wird Ocker ausgemalt. In den grünlichen Ton des Erdbodens geht man nun mit einem etwas dunkleren Grün, das aber nicht zu kalt sein soll. An einigen Stellen macht man den Grünton mit Siena wärmer. Schließlich bemalen Sie die Baumstümpfe mit den dunklen Palettenfarben. Die Baumkronen malt man in einem Grün, das mit leichten und locker aufgetragenen Orangetönen durchsetzt wird.

GEBROCHENE FARBEN

Gebrochen nennt man etwas unbestimmte und gräuliche Farben. Die Farben werden trüb, wenn man zwei Sekundärfarben oder eine Sekundärfarbe mit einer Primärfarbe mischt. Diese Farbskala kann ebenso in die kalte harmonische Skala wie in die warme hineinreichen.

Die gebrochene Farbe entsteht aus der Mischung zweier Sekundärfarben, so erreicht man etwa mit Rot und Gelb Orange. Fügt man Grün hinzu, so entsteht ein gebrochener erdfarbener Ton. Auch ein Dunkelblau läßt sich brechen, wenn wir etwas Braun hinzugeben. Die Erdtöne sind ideal, um gebrochene Skalen mit Aquarellfarben zu erreichen.

1. Bricht man eine violette Farbe mit Grün, so erlangt man einen trüben Ton. Man hellt diese Farbe stark auf und malt mit ihr einen trüben Himmel. Dann bricht man die Farbe Rot mit etwas Siena. In diesem Ton malt man den dazwischenliegenden Saum und läßt dabei die Bereiche unbemalt, die für andere Farben bestimmt sind. Dann erzeugt man einen Grünton, der durch ein ockerfarbenes Grün gebrochen wird, verdünnt ihn auf der Palette und malt damit den Vordergrund aus.

Aus den oberen Tönen werden die unteren Farbflecken gemischt. Es empfiehlt sich, solche Übungen sowohl auf der Palette als auch auf dem Papier auszuführen.

2. Lassen Sie den ganzen grauen Bereich etwas trocknen, um darauf malen zu können, ohne daß sich die Farben vermischen. Auf der Palette fügen Sie dem Grün etwas dunklere Blau- und Grüntöne hinzu. Ist das Ergebnis zu rein, mischen Sie wieder Ocker hinzu, um den Ton zu brechen.

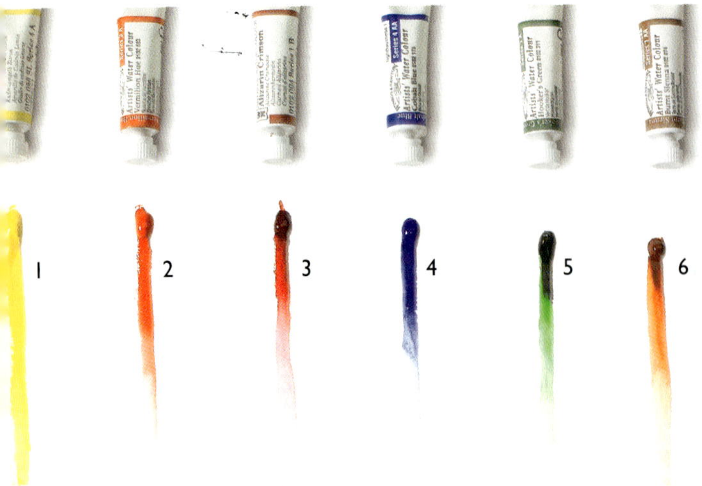

Im vorigen Kapitel wurden Möglichkeiten gezeigt, nur mit den Grundfarben zu malen. Sicher lassen sich viele Farben allein mit Gelb, Rot und Blau mischen, doch gibt es zahlreiche andere Farben, die man nicht ohne weiteres mischen kann. Dies sind die Farben, über die ein Maler auf jeden Fall verfügen sollte: helles Kadmiumgelb (1), Orange (2), Karminrot (3), Kobaltblau (4), Hookersgrün (5) und gebrannte Tierra Siena (6).

DIE BASISPALETTE

Welche Farben ein Aquarellmaler haben muß, hängt davon ab, wozu er sie gebrauchen will. Wem es Freude bereitet, einfarbige Aquarelle zu malen, der muß keine sehr breite Skala erwerben. Zumindest aber sollte er über eine minimale Skala verfügen, die ihm erlaubt, die wichtigsten Farbtöne zu mischen. Eine größere Farbskala benötigt man, wenn das Bild Farben erfordert, die man nicht durch einfache Mischungen erzeugen kann.

Dieser kleine Versuch veranschaulicht, wie sich das Hinzufügen warmer oder kalter Farbe auf einen Ton auswirken kann. Im ersten Beispiel wurde dem Gelb etwas Rot hinzugefügt, wobei das Gelb seine farbliche Eigenart auf keinen Fall verlieren sollte. Der zweite gelbe Streifen wurde mit etwas Grün nuanciert. Die beiden Farben sind immer noch Gelb, aber die eine erhält eine warme Note, die andere eine kalte.

Je weiter der Aquarellmaler in seinen Übungen voranschreitet, eine desto umfassendere Palette wird er benötigen. Die Aquarellmalerei ist eine Technik mit sehr fein nuancierten Farbtönen, daher sollte man die Palette noch um einige Farben erweitern. Folgende Farbskala ist sehr zu empfehlen: chinesisches Weiß (1), Kadmiumzitronengelb (2), Zinnoberrot (3), Himmelsblau (4), Preußischblau (5), Kobaltblau (6), Hookersgrün (7), Ockergelb (8), Siena (9), gebrannte Umbra (10) und Schwarz (11).

Schritt für Schritt
Landschaft in warmer Farbskala

Die Farbskalen müssen sich nicht immer auf die wirklichen Farben des Modells beschränken. Mit der Wahl einer bestimmten Skala interpretiert man gleichzeitig das Modell. In dieser Übung wird eine einfache Landschaft durch eine warme harmonische Farbskala interpretiert. Auf kalte Farben sollte nicht grundsätzlich verzichtet werden, doch dürfen diese nie dominant sein.

Material

Aquarellpapier (1), Aquarellfarben (2), Aquarellpinsel (3), Bleistift (4), Wasserglas (5), Klebeband (6), Lappen (7), Unterlage (8).

1. Je weiter man beim Aquarellieren voranschreitet, um so deutlicher zeigt sich die grundlegende Bedeutung der Vorzeichnung. Sie gibt dem Aquarellbild Halt und ermöglicht die Orientierung. Zum Zeichnen der Vorskizze eignet sich am besten der Bleistift, doch auch Zeichenkohle wird verwendet. In dieser Übung wird ein Bleistift benutzt, um die Grundlinien zu skizzieren. Das Schema muß sehr präzise sein und auf unnötige Details verzichten.

2. Zuerst malen wir den Himmel. Wie im Kapitel über die Tuschzeichnung wird der ganze Bereich nun abgestuft: Wir beginnen damit, den Hintergrund naß zu machen, sparen mit dem feuchten Pinsel aber die Form des Baumes aus. Dann verteilen wir mit dem Pinsel ein orangegetöntes Ocker über den oberen Bereich und ziehen lange und dichte Pinselstriche, während sich die Farbe auf dem feuchten Malgrund ausbreitet. Ist der Hintergrund trocken, malen wir den Bereich des Gebirges am Horizont in Siena aus. Nachdem das Gebirge getrocknet ist, malen wir den ganzen Baum in Kadmiumgelb.

In den verschiedenen harmonischen Farbskalen können auch Farben aus anderen Skalen auftauchen. Sie dienen als Kontrast und als Komplementärfarben.

3. Auf der Palette fügen Sie dem Gelb etwas Grün hinzu und mischen beide Farben, bis Sie einen etwas dunkleren als den ursprünglichen Ton erhalten. Das Kadmiumgelb ist eine sehr dominante Farbe, die zur warmen Skala gehört. Gibt man etwas Grün dazu (nur eine sehr geringe Menge), erhält man eine Farbnuance, die sich gut dazu eignet, einige nicht zu stark kontrastierende Schatten zu malen. In sehr hellem Grün malen Sie die Vegetation am Rand der Landstraße. Diese grüne Farbe bleibt nicht endgültig stehen, sondern dient als Grundlage für andere warme Farben.

4. Ziehen Sie mit ein wenig stark verdünntem Siena und nur wenig Wasser ein paar kurze, rasche Pinselstriche auf dem dunkelsten Teil des Baumes. Rot, Siena und etwas Blau erzeugen einen sehr warmen dunkelvioletten Ton, mit dem man den ganzen dazwischenliegenden Bereich färbt. Da die untere Farbe trocken ist, verschmelzen die Töne nicht miteinander; die grüne Farbe wird fast vollständig von dieser neuen dunklen und warmen Farbe überdeckt.

5. Erzeugen Sie ein sehr dünnes Siena und färben Sie damit das Weiß des Papiers im ganzen unteren Bereich. Diese Farbe dämpft jeden vollständig weißen Reflex und dient als Grundlage für die weiteren, dunkleren Farben. Mit dem Violett, das gerade für den Hintergrund benutzt wurde, bemalen Sie nun den schattigen Bereich der Landstraße. Zwar ist es dieselbe Farbe wie zuvor, doch da der Bereich, in dem man sie benutzt, sehr hell ist, erweist sie sich als nicht deckend. Am rechten Rand malen Sie mit einer orangenen Farbe, auch dieser warme Ton dient als Hintergrund für dunklere Farben.

Das Trocknen des Aquarells läßt sich mit einem Fön beschleunigen. Sie dürfen allerdings nicht zu nah an das Papier herankommen, da die Farbe sonst zerfließt.

6. Siena gemischt mit Umbra wird für die schärferen Kontraste und für weitere Schattentöne in der Landschaft verwendet. Färbt man Bereiche dunkel, treten die hellen Stellen durch den Kontrast stärker hervor. Der Pinselstrich für die unteren Schatten muß ausladend und gleichmäßig sein, die Farbe soll horizontal aufgetragen werden. Damit hier keine Abstufung entsteht, muß der Pinsel immer etwas Farbe enthalten.

7. Fahren Sie fort, die Baumkrone in sehr hellem, ein wenig durch Umbra abgeschattetem Orange anzumalen. Die erneuten Pinselstriche nehmen etwas vom bereits aufgetragenen Siena weg, und beide Farben vermischen sich. In leicht mit Umbra gemischtem Siena bemalen Sie die Baumstämme auf der linken Seite. Da der Hintergrund ganz trocken ist, mischen sich die Farben nicht miteinander. Beachten Sie, wie das Orange jetzt überdeckt wird. Für den unteren Bereich der Landstraße nehmen Sie einen mit Orange gemischten Ockerton – den hellsten Streifen sparen Sie beim Malen aus.

8. Warten Sie, bis das Bild ganz getrocknet ist, bevor die letzten Striche gemalt werden können. Wenn der Hintergrund trocken ist, malen Sie rote Töne im rechten Teil der Berge und sehr dunkle ultramarinblaue Töne im linken. Im Vordergrund fügen Sie auf der Landstraße Farbkontraste in verdünntem Siena hinzu. Mit sehr dunkler, violetter Farbe werden locker ein paar Linien im Schatten der Bäume gesetzt.

ZUSAMMENFASSUNG

Sehr reines Kadmiumgelb dient im Hintergrund als Grundfarbe für den Baum.

Fügen Sie **Rot** auf den bereits getrockneten Malgrund hinzu.

Grüne Farbe mit warmen Nuancen. Diese Farbe dient als Grundlage für dunklere Farben.

Der Himmel wurde in einem sehr warmen Ton gemalt und überstrahlt das ganze Landschaftsbild.

Das **Blau** wird als Komplementärfarbe verwendet, um das Übermaß an warmen Farben auszugleichen.

Kräftig leuchtendes Siena, das die größte Helligkeit auf der Landstraße darstellt.

4 Malen auf feuchtem Grund

BEDEUTUNG DES PAPIERS UND DER FEUCHTIGKEIT

Das Wasser bildet die Grundlage der Aquarellmalerei. Daher verteilt sich die Farbe leicht auf dem Papier, ohne auf nennenswerten Widerstand zu stoßen. In den vorhergehenden Kapiteln konnten wir sehen, daß zwei feuchte Flächen dazu neigen, sich zu vermischen, und genau darum geht es in diesem Kapitel. Hier sollen alle Möglichkeiten, die dieser Effekt in sich birgt, behandelt werden. Bislang wurde beim Malen einer Fläche darauf beharrt, man solle warten, bis sie trocken sei, bevor man mit einer anderen Farbe darübergehe. In diesem Kapitel nun sollen die Möglichkeiten des Malens auf feuchtem Malgrund studiert werden.

▼ Das Papier ist bei der Arbeit mit Aquarellfarben von großer Bedeutung, ob man nun auf trockenem oder auf feuchtem Grund malt. Aquarellfarbe ist so transparent und dünn, daß sie sich jeder Oberfläche anpaßt und deren Struktur erkennen läßt. Für die Arbeit auf feuchtem Malgrund braucht man ein starkes Papier. Sie können zur Probe folgenden Vergleich dreier hochwertiger Papiere unterschiedlicher Körnung anstellen. Wie Sie sehen, haben sie unterschiedlich auf die Striche und die Feuchtigkeit reagiert.

▼ Das Aquarell auf feuchtem Papier erlaubt ganz andere Techniken, die Sie mit etwas Übung beherrschen werden: Die Farben vermischen und sättigen sich. An diesem Beispiel können Sie typische Eigenarten dieser Malerei studieren.

▶ Für diese Übung läßt sich jeder Pinsel verwenden. Man befeuchtet ihn wie bisher mit Aquarellfarbe und reibt ihn auf etwas Papier oder einem Lappen ab, um überflüssiges Wasser zu entfernen. Dann zieht man locker ein paar Striche, um nun die Spur zu betrachten, die der Pinsel hinterläßt. Danach zeichnet man mit nur wenig Farbe in derselben Technik einen Baum, zuerst die Krone. Wenn die Farbe ganz verbraucht ist, nimmt man neue, läßt sie abtropfen und malt den Baumstamm. Mit trockenem Pinsel skizziert man den Erdboden.

DAS AUFSPANNEN DES PAPIERS

Bevor man in den verschiedenen Aquarelltechniken zu malen beginnt, sollte man wissen, wie man Papier auf eine Unterlage spannt. So kann man verhindern, daß sich Täler und Höhen bilden und das nasse Papier sich wellt. Viele Künstler benutzen hierfür Klebeband oder sogar Reißnägel. Die sicherste Methode, das Papier zu spannen, wird in dieser Lektion gezeigt. Das Verfahren ist einfach und praktisch, wie sich leicht überprüfen läßt.

2. Das Papier kann sich durch die Feuchtigkeit stark verformen. Wenn es naß gemacht wird, dehnen sich die Fasern aus, es entstehen Vertiefungen. Das Papier verformt sich ungleichmäßig, was zu Spannungen beim Zusammenziehen führt, die sich dann sichtbar als Täler niederschlagen. Um das zu vermeiden, befeuchtet man die ganze Papieroberfläche mit einem reichlich in Wasser getränkten Schwamm.

▼ 1. Um das Papier zu spannen, brauchen Sie nur Klebeband, Brett, Schwamm, Wasser und natürlich Papier. So läßt sich jedes Papier spannen, doch sollte es immer über eine bestimmte Stärke verfügen, damit es beim Aufspannen nicht reißt.

Viele Aquarellmaler benutzen hierfür sogar Reißnägel.

▼ 3. Warten Sie ein bis zwei Minuten, bis das Wasser das Papier ausdehnt. Wenn das Papier naß ist, befestigt man es mit vier Klebebändern an der Unterlage, eines an jeder Seite. Man wartet, bis es völlig trocken ist, bevor man darauf malt. Es spielt keine Rolle, daß sich Mulden bilden, solange es feucht ist, denn sie verschwinden beim Trocknen wieder, und die Oberfläche bleibt glatt und gespannt.

▼ 4. Wenn Sie auf dem Papier gemalt haben, müssen Sie warten, bis es wieder trocken ist. Dann können Sie es mit einem Lineal und einem Messer wieder abtrennen. Um den Klebestreifen vom Holz zu lösen, müssen Sie ihn nur erneut befeuchten.

FARBE AUF FEUCHTEM PAPIER ABTRAGEN

Die Aquarellmalerei bietet viele Möglichkeiten. Auf einem feuchten Malgrund lassen sich mancherlei Veränderungen und alle möglichen Kunstgriffe bewerkstelligen. In der folgenden Übung wird nicht das Malen als solches im Vordergrund stehen. Vielmehr geht es um die hellen Töne, die sich durch das Austupfen der Farbe mit dem Pinsel erzeugen lassen. Diese Übung ist sehr wichtig, um die Möglichkeit der Abstufung als Grundlage für das Öffnen von weißen Stellen zu verstehen, das im 7. Kapitel behandelt wird.

1. Färben Sie den Malgrund in einem dunklen Ton, wobei Sie ihn nicht unbedingt abstufen müssen. Die Pinselstriche werden vertikal aufgetragen, bis sie den ganzen Hintergrund des Bildes gleichmäßig bedecken. Die Übung muß auf feuchtem, jedoch nicht durchweichtem Papier durchgeführt werden. Mit dem trockenen Pinsel beginnen Sie, einen Teil der Farbe zu entfernen. ◀

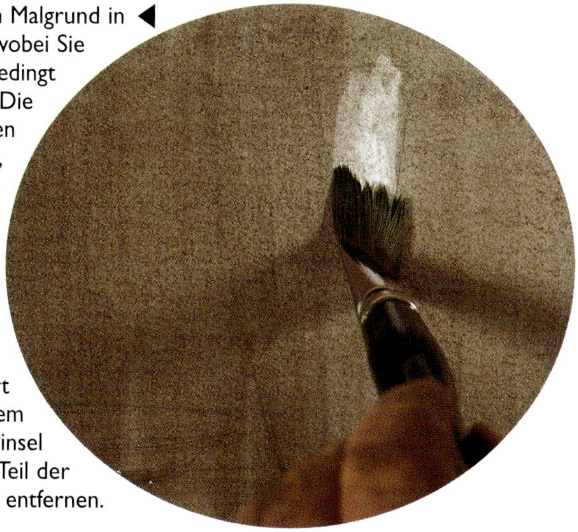

Die Qualität des Papiers ist für diese Übung von großer Bedeutung. Ein Papier geringer Qualität wird sich verfärben und nicht die gesamte Farbe aufnehmen können.

3. Um die hellsten Weißtöne des Papiers zu erzielen, muß man den sauberen und abgestrichenen Pinsel mehrmals über das Blatt ziehen. Abschließend kann man noch dunkle Töne hinzufügen, doch hierzu muß der Malgrund erst ganz getrocknet sein. ▼

▼ 2. Durch die Stärke des Drucks, den man ausübt, kann man die Farbmenge regulieren, die entfernt wird. Dies ist eine andere Art, Tonabstufungen zu erzeugen, die sowohl auf Farben angewendet werden kann, als auch, wie hier, um unterschiedliche Flächen zu erzeugen. Jede Fläche ist ein Bereich des Bildes. Auf diese Weise, durch das Austupfen, läßt sich recht präzise zeichnen. Die dunkelsten Stellen erreicht man, indem man an den Rändern des Pinselstrichs einen Teil der abgetragenen Farbe konzentriert.

▶ 1. Das Aquarell reagiert empfindlich auf jede Veränderung seiner feuchten Oberfläche. Um diesen Bereich zu bemalen, müssen Sie das Papier vorher nicht anfeuchten, doch es ist wichtig, gleichmäßig zu arbeiten, um mögliche Überschneidungen der Pinselstriche zu vermeiden.

DIE FEUCHTE FARBE ABTRAGEN

Welche Farben ein Aquarellmaler haben muß, hängt davon ab, wozu er sie gebrauchen will. Wem es Freude bereitet, einfarbige Aquarelle zu malen, der muß keine sehr breite Skala erwerben. Zumindest aber sollte er über eine minimale Skala verfügen, die ihm erlaubt, die notwendigen Farbtöne zu mischen. Eine ausgedehnte Farbskala benötigt man, wenn das Bild Farben erfordert, die sich nicht durch einfaches Mischen erzeugen lassen.

▶ 2. Da der Malgrund feucht ist, kann man mit einem sauberen und trockenen Pinsel darübergehen, um die Farbe oder einen Teil von ihr zu entfernen. Die Feuchtigkeit des Papiers muß gut verteilt sein, damit das Bild nicht überschwemmt wird. Die Farbe entfernen Sie folgendermaßen: Zuerst tragen Sie mit dem trockenen Pinsel so viel Farbe ab, wie Sie mit einem Strich aufnehmen können. Dann wird der Pinsel mit sauberem Wasser ausgespült, abgestrichen, und man wiederholt den Vorgang. Je öfter der Pinsel über das Blatt fährt, desto stärker nähert sich die Helligkeit des feuchten Hintergrundes dem Weiß des Papiers an.

▶ 3. Hat man einmal die notwendigen weißen Stellen geöffnet, so kann man Kontraste hinzufügen und damit Formen herausarbeiten. Diese Übung ist sehr einfach, bietet aber viele Möglichkeiten für weitere Sitzungen.

Schritt für Schritt

Das Öffnen heller Stellen

In diesen ersten Kapiteln geht es oft um die Landschaftsdarstellung, da sich die grundlegenden Aquarelltechniken so leichter lernen lassen, als wenn man von konkreteren Themen wie dem Stilleben oder dem Akt ausginge. Die Landschaftsmalerei erlaubt ein gewisses Maß an Subjektivität und Fehlern, die bei anderen Bildgegenständen viel stärker auffielen und den Übenden leicht entmutigen könnten. In der folgenden Übung geht es um bereits behandelte Themen: die Abstufung und das Öffnen heller Stellen.

Material

Aquarellpapier (1), Aquarellfarben (2), Palette (3), Aquarellpinsel (4), Bleistift (5) und Wasserglas (6), Klebeband (7), Lappen (8) und Unterlage (9).

1. Mit dem Bleistift grenzen wir die wichtigsten Bereiche der Landschaft voneinander ab und beschränken uns dabei auf das Nötigste. Jedem Aquarell muß eine Skizze vorangehen. Die Zeichnung soll schlicht sein, auf Schatten und jedes Beiwerk verzichten. Sie dient nur als Orientierungsrahmen, wie die Farbe mit dem Pinsel verteilt werden soll.

2. In den bisherigen Kapiteln wurde gezeigt, wie Abstufungen mit der Farbe erzeugt werden. Hier nun soll die Fläche des Himmels abgestuft werden. Erinnern wir uns noch einmal an das Verfahren: Zuerst macht man den ganzen Bereich naß, den die Lavierung einnehmen wird. Bevor er getrocknet ist, zieht man am oberen Ende einen breiten Strich in blauer Farbe. Da der Malgrund feucht ist, neigt der Ton dazu, sich auszudehnen; mit dem Pinsel hilft man nach, bis die Farbe und das weiße Papier ineinander übergehen. Am unteren Ende des Himmels zieht man ebenfalls einen breiten Strich, nun in sehr hellem Ocker. Bevor er trocken ist, malt man einen Saum in gebrannter Umbra an den Horizont. Wenn der untere Bereich trocken ist, kann man den Erdboden malen, ohne daß er sich mit dem Hintergrund vermischt.

Das Papier muß über eine gewisse Stärke verfügen und speziell für Aquarelle geeignet sein.

3. Mischen Sie etwas Blau mit Umbra, mit der Sie die Horizontlinie gemalt haben, und malen Sie das Profil der Gebäude im Hintergrund. Da das Papier immer noch feucht ist, mischt sich der gerade gemalte Bereich mit dem unteren Teil des Himmels.

4. Die Aquarellfarben muß man stets in einer bestimmten Reihenfolge auftragen: Zuerst kommen die helleren Töne und Farben, darüber die dunkleren und deckenden Farben. Das Aquarell läßt sich schnell mit der warmen Luft eines Föns trocknen. So können Sie darübermalen, ohne daß sich die neue Farbe mit der vorhergehenden vermischt.
Den Streifen, der dem Meer entspricht, malt man in recht hellem Blau. Dort, wo das Licht sich spiegelt, trägt man, wie bereits gezeigt, Farbe mit einem trockenen Pinsel ab. Wir warten, bis der neue Grund trocken ist, und malen dann die Stämme der Palmen in dunklem Braun.

5. Wir beginnen, die dunkelgrünen Palmenblätter zu malen, wobei wir nur wenig Farbe verwenden und ausschließlich mit der Pinselspitze arbeiten, um jede Linie exakt ziehen zu können. Es ist wichtig, das Trocknen abzuwarten, wenn man mit reinen Farben so malen will, daß sie sich mit den vorhergehenden nicht mischen. Hier können wir den Unterschied der Arbeit auf feuchtem Papier (im Himmel) und der Arbeit auf trockenem Papier erkennen.

6. Malen Sie alle übrigen Palmenblätter in derselben Art wie die ersten, und bei der linken Palme zeichnen Sie die Blätter sogar vor dem Stamm. Man tut das, um die angemischte Farbe auszunutzen. Es ist unwichtig, daß der Stamm erst danach gemalt wird, da er bereits skizziert ist. Die Bleistiftlinie wird später mit dem Pinsel nachgezogen. Links wurde eine kleine Korrektur auf dem noch immer feuchten Hintergrund vorgenommen: Die dunkle Farbe wurde mit dem Pinsel ausgetupft und wieder mit Erdfarbe bemalt. Der ganze Bodenbereich wurde durch einen ähnlichen Ton vervollständigt. Nun werden die dunklen Linien des Geländes gemalt.

Die Aquarellfarbe kann vom Papier mit einem sauberen Pinsel abgetragen werden.

7. Bevor Sie die Stämme der Palmen malen, färben Sie das Wasser in einem grünlichen Ton. Erzeugen Sie eine dunkelblaue Farbe, mit der der Schattenbereich des Wassers kontrastiert. In dunkler gebrannter Tierra Siena ziehen Sie die länglichen Schatten der Palmen. Im rechten Teil des Bildes benutzen Sie dieselbe Farbe, mit etwas Blau gemischt, um die Helligkeit dieser neuen Form zu erzeugen. Gehen Sie dann mit dem trockenen Pinsel darüber, um etwas von der Farbe abzutragen. Schließlich malen Sie das Gelände in Rot.

8. Nun müssen nur noch alle Palmen in mit etwas gebrannter Umbra gemischtem Dunkelgrün bemalt werden. Damit ist diese einfache Übung beendet, in deren Verlauf einige grundlegende Verfahren der Korrektur, das Arbeiten auf feuchtem Papier und das Malen auf trockenem Papier angewendet werden konnten: drei Themen, die später noch ausführlicher behandelt werden.

ZUSAMMENFASSUNG

Auf feuchtem Malgrund erzeugte Abstufung.

Aufgehellter Ton. Die Farbe wurde mit dem Pinsel abgehoben, als sie noch feucht war.

Korrektur mit einem sauberen, leicht angefeuchteten Pinsel. Der falsche Farbton konnte entfernt werden.

Abdecken einer Farbe bei vollständig getrocknetem Hintergrund. Daher hat sich die Farbe der Blätter nicht mit dem Hintergrund vermischt.

Im rechten Schatten wurde **der Ton abgehoben**, ohne daß man bis zum Weiß des Papiers vordrang.

5 Malen auf trockenem Grund

PAPIERKÖRNUNG UND PINSELSTRICH

Bisher wurde gezeigt, daß Aquarellfarben sich auf dem Papier mischen, wenn zwei unterschiedliche feuchte Töne in Kontakt kommen, und gesagt, daß man warten muß, bis die erste Farbe getrocknet ist, wenn man diese Wirkung verhindern will. Die Malerei auf trockenem Papier verfügt über mehr Möglichkeiten als die bislang erwähnten. Einige von ihnen sollen hier dargestellt werden.

Wie beim Aquarellieren auf feuchtem Malgrund sind Pinselstrich und Körnung des Papiers auch hier sehr wichtig. Bevor man beginnt, diese Technik anzuwenden, sollte man über gute Kenntnisse der Aufnahmefähigkeit des Papiers verfügen, um die geeignetste Papiersorte auswählen zu können.

▶ *Es empfiehlt sich, für diese Übung eine breite Palette verschiedener Papiere zu benutzen. Die Blätter müssen nicht groß sein; es genügt, wenn auf jedem ein Pinselstrich Platz hat. Diese Übung wird dabei helfen, ein gutes Papier auszuwählen, mit dem man weiterarbeiten kann, denn es gibt zwar viele Papiersorten auf dem Markt, doch sind nicht alle gleichermaßen zu empfehlen. Die Papiere werden ordentlich aufgereiht. Vorher notiert man auf der Rückseite jedes Blattes die Marke, die Grammzahl und die Körnung. Die Papiere werden mit Klebeband befestigt.*

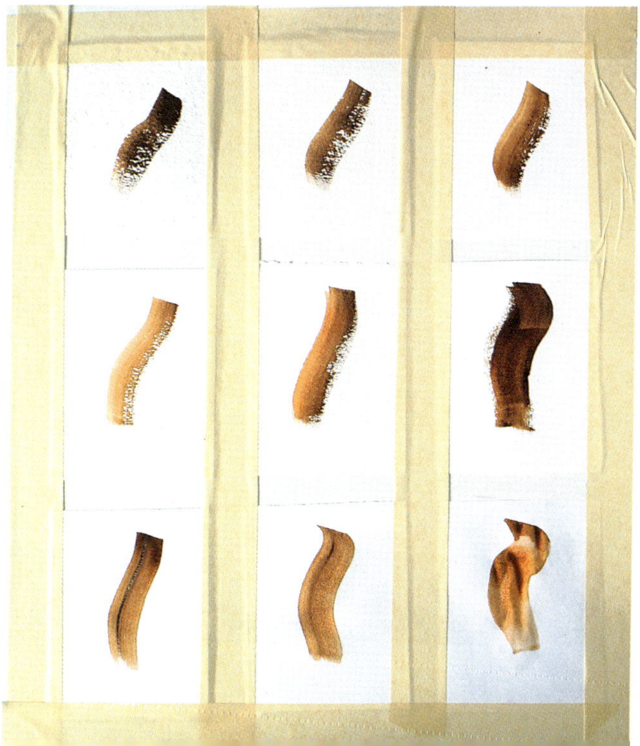

◀ *Machen Sie eine Tuschzeichnung in irgendeiner Farbe. Sie soll möglichst kräftig und leuchtend sein, um mit dem Weiß des Papiers zu kontrastieren. Am schwierigsten ist es bei diesem Versuch, tatsächlich immer dieselbe Menge Farbe für jeden Pinselstrich zu nehmen. Die Pinselstriche sollen auf allen Papieren möglichst gleich sein. Nach dem Trocknen läßt sich feststellen, welche Papiersorten die Farbe am besten annehmen (nicht auf allen hat sie die gleiche Leuchtkraft) und auch, welche Papiere sich nicht für die Aquarellmalerei eignen (diejenigen, auf denen die Farbe Täler bildet oder die sich wellen). Den Pinselstrich zieht man auf einem trockenen Malgrund. So läßt sich die Aufnahmefähigkeit des Papiers begutachten.*

DAS ÜBEREINANDERSETZEN VON FARBEN

Eine der Techniken, die das Aquarellieren auf trockenem Papier ermöglicht, besteht darin, zwei Töne oder Farben aufeinanderzusetzen. Mischt man zwei gleiche Farben, so entsteht beim Aquarellieren an der Schnittstelle ein dunklerer Ton. Dieser läßt sich unterschiedlich verwenden, sei es, um die Farbe zu wechseln, sei es, um Leuchtkraft zu bewirken. Setzt man zwei Farben übereinander, so entsteht am Schnittpunkt stets eine dritte.

▶ *Im Kapitel über die Theorie der Farben konnten wir sehen, wie die Farben reagieren, wenn sie auf der Palette gemischt werden. Setzt man Farben auf dem trockenen Malgrund übereinander, so geschieht dasselbe: Die Farben vermischen sich miteinander, und es entstehen neue Farben. Hier wurde zuerst ein gelber Ton gemalt. Warten Sie ab, bis die Farbe ganz trocken ist, und ziehen Sie einen blauen Streifen quer darüber: Die Schnittstelle ist grün.*

▼ *Das zweite Beispiel gleicht dem ersten, geändert haben sich nur die Farben. Vertikal zieht man einen roten Streifen. Ist er trocken, malt man quer darüber einen blauen Pinselstrich: Der Schnittpunkt ist violett..*

▶ *Die folgende Übung ist sehr einfach; man kann sie auf jeder kleinen Skizze machen oder auf einem Bild, das man für diese Gelegenheit gemalt hat. Hier wurde eine Landschaft unter einem großen Himmel gemalt. Warten Sie, bis die Landschaft ganz trocken ist. Inzwischen bereitet man ein sehr durchsichtiges Ocker vor. In diesem Ton malt man die Hälfte der Landschaft. Sie dürfen die Farbe nicht wiederholt auftragen, um den unteren Ton nicht abzutragen. Das Ergebnis ist sehr interessant: Es ist eine eigentümliche atmosphärische Beleuchtung entstanden, die alle helleren Töne beeinträchtigt.*

Für diesen Versuch mit chinesischem Weiß wurde ein Blatt in einem sahnefarbenen Ton ausgewählt. Normalerweise wird in der Aquarellmalerei kein farbiges Papier verwendet, doch kann es für ein bestimmtes Thema nützlich sein. Es wird sich zeigen, wie die Farbe des Papiers die Transparenz der Aquarellfarbe beeinflußt. Fertigen Sie eine transparente graue Aquarellzeichnung auf dem farbigen Papier an und lassen Sie sie trocknen. Darüber malen Sie ein anderes, dunkleres Aquarell der gleichen Farbe. Die Farbe des Papiers beeinflußt vor allem den hellsten Ton.

AUSSPARUNGEN UND CHINESISCHES WEISS

Aquarellfarben sind sehr transparent, so daß jede unter dem Bild liegende Farbe ihren endgültigen Ton verändern wird. Zu den Mitteln, mit denen sich die Transparenz des Aquarells vermindern läßt, zählt der Gebrauch von chinesischem Weiß. Es ist eine sehr konzentrierte weiße Aquarellfarbe, die dazu dient, die Farben deckend und pastos zu machen. Die bereits beschriebene Aussparung besteht darin, einen Teil unbemalt zu lassen, damit eine dunkle Farbe eine hellere abgrenzt. Sie bleibt weiß, falls das Blatt diese Farbe besitzt. Das Hinzufügen von chinesischem Weiß hat nichts mit dem Aussparen zu tun. Es ermöglicht, sogar auf farbigen Papieren weiße Töne zu erzeugen.

Beachten Sie die Veränderung des dunkelsten Grautons, wenn Sie ihn mit chinesischem Weiß mischen. Geben Sie einige Flecken chinesisches Weiß auf das Blatt, um die Deckfähigkeit auf dem farbigen Papier auszuprobieren. Unten malen Sie eine dreieckige Form: Man sieht, daß es sich nicht um eine völlig transparente Farbe handelt, da sich der darunterliegende Ton noch erahnen läßt. Nun spritzt man mit dem Pinsel etwas chinesisches Weiß auf das Blatt. Im dunklen Bereich sind die weißen Punkte deutlicher zu erkennen.

Geben Sie dunkelblaue Farbe auf die Palette und daneben chinesisches Weiß. Zuerst malt man einige Bäume in reinem Dunkelblau. Für die hellsten Stellen der Baumkronen verdünnt man dieselbe Farbe etwas stärker mit Wasser. Zum Malen des unteren Bereichs mischt man dem Weiß etwas Blau bei und fügt Farbe hinzu, bis die richtige Mischung erreicht ist und spritzt wieder chinesisches Weiß darüber.

▶ Bemalen Sie den oberen Teil des Bildes bis zum Fuß der Berge in einem orangefarbenen Ton; den Rest lassen Sie weiß. Wenn die Farbe trocken ist, malen Sie die Form der Berge in einem violetten Ton. Falls der Hintergrund stellenweise noch nicht ganz getrocknet ist, vermischen sich beide Farben. Nun tunken Sie den mittleren Pinsel in den violetten, mit etwas Siena gemischten Ton, streifen die überschüssige Farbe ab und ziehen horizontale Linien über den weißen Malgrund.

TROCKENER PINSEL UND TEXTUREN

Mit dem trockenen Pinsel lassen sich viele Effekte erzielen. Der auf trockenem Grund verwendete trockene Pinsel unterstreicht die Körnung des Papiers und erlaubt das Spiel mit den zuvor gemalten Farbschichten. Man kann mit dem trockenen Pinsel auf einer weißen oder auf einer zuvor mit einer anderen Aquarellfarbe gefärbten Oberfläche malen.

▶ Nun beginnen wir, den unteren Teil in sehr dunklem Grün zu schattieren. Die Linien brauchen hier anfangs nicht gleichmäßig verteilt zu werden. Bevor wir den Pinsel wieder in die Farbe tunken, ziehen wir die restliche Farbe nach oben, um die Struktur des Papiers hervorzuheben. Auf die schon trockenen Berge geben wir eine weitere Schicht derselben Farbe – beide Schichten ergeben zusammen einen dunkleren Ton.

▶ Auf der rechten Seite malt man mit dunkelgrauer Farbe, läßt dabei aber die Stellen unbemalt, die das Licht reflektieren. Wenn der Hintergrund ganz trocken ist, zieht man im unteren Bereich der Berge eine Linie in grünlichem Ocker. Fahren Sie damit fort, bis die Linie auf dem Papier allmählich schwächer wird. Schließlich, wenn alle Striche getrocknet sind, malen Sie die hohen Gräser im Vordergrund. Mit lockeren Pinselstrichen geben Sie den Halmen die richtige Neigung. Der Pinsel darf nicht zu voll sein, um gekrümmte Linien malen zu können.

Schritt für Schritt
Landschaft mit Baum

Das Malen mit trockenem Pinsel ist eine der interessantesten Aquarelltechniken. Für die folgende Übung wurde eine Landschaft mit einem großen Baum im Vordergrund als Bildgegenstand gewählt. Das Motiv ist reich genug an Nuancen und Strukturen, um es ausgehend von der Technik des trockenen Pinsels darzustellen.

MATERIAL

Aquarellpapier (1), Aquarellfarben (2), Palette oder Teller (3), Aquarellpinsel (4), Bleistift (5), Wasserglas (6), Klebeband (7), Lappen (8) und Zeichenbrett (9).

1. Zeichnen Sie die wichtigsten Ebenen der Landschaft unterschiedlich genau. Der Weg wird knapp, aber sehr deutlich skizziert; die Kurve, die den Erdboden vom Gras trennt, wird gut herausgearbeitet. Den Baumstamm skizziert man sehr präzise, wobei die wichtigsten Zweige zu erkennen sein müssen. Der Bereich der hohen Zweige wird mit dem Bleistift nur angedeutet, um ein freies Arbeiten mit dem trockenen Pinsel zu ermöglichen. Den Himmel im Hintergrund malt man zuerst. Man nimmt hierzu einen Blauton, der ins Weiße verläuft, um die Wolken anzudeuten.

2. Auf dem ganz trockenen Papier malen wir in sehr hellem Ocker den Weg. Damit die Farben sich nicht vermischen, lassen wir etwas weiße Fläche frei; so können die helleren Töne nicht mit den dunkleren verschmelzen. An den Wegrändern malen wir das ganze grüne Gras, lassen aber einen kleinen Abstand zum mittleren Farbbereich trocken. Rechts geben wir noch etwas Siena dazu, das sich mit dem Grün mischt.

Der Bereich direkt unter dem Baum muß während der ganzen Arbeit weiß bleiben, damit wir dort mit dem trockenen Pinsel ein helles Stück Erde malen können.

3. Mit Hellgrün schattieren Sie leicht den ganzen Hintergrund, von den fernen Bäumen auf der linken Seite bis zum Bereich des Grases rechts. Man gibt ein mit etwas Ocker gemischtes Gelbgrün auf den sehr trockenen Pinsel und malt den Teil rechts vom Weg; die länglichen Pinselstriche folgen seiner Kurve. Der an Gras und Bäume grenzende Bereich wird ebenfalls in olivfarbenem Ton auf den völlig trockenen Malgrund gemalt. Man neigt dort den Pinselstrich, außerdem ist er kürzer und etwas dichter.

4. Manche Stellen sind schon völlig trocken, andere noch etwas feucht, doch keine darf ganz naß sein, damit Farbe und Pinselstrich gut kontrolliert werden können. Bei den Bäumen links im Hintergrund malt man die letzten dunklen Grüntöne um die helleren. Auch rechts malt man mit dunkelgrüner Farbe und grenzt die Form des Baumstumpfs ab; hier ist der Hintergrund ganz trocken. Auf dem Weg zieht man einen breiten Pinselstrich, der dessen Form folgt. Der Ton wird durch eine sehr kräftige Farbe aus Ocker- und Orangetönen verdunkelt. Bei der Baumkrone muß man darauf achten, daß die Pinselstriche kurz, dicht und auf trockenem Grund angebracht werden.

5. Der sehr trockene Pinsel betont mit ein wenig grüner Farbe die Struktur des Papiers im Bereich des Grases. Setzen Sie ein paar kleine, leuchtend rote Pinselstriche auf das Grün der Erde, die den Feldmohn darstellen. Einige der Flecken mischen sich mit dem Hintergrund. Den Schatten des Baumes auf der Erde malt man mit einer Mischung aus Siena und stark verdünntem Violett. Hierzu muß der Hintergrund völlig trocken sein.

Damit man die Struktur des Papiers erkennen kann, muß der Hintergrund ganz trocken sein, und der Pinselstrich darf nicht zuviel Farbe auftragen.

6. Gehen Sie mit dem sauberen und feuchten Pinsel über den grünen Bereich rechts. Beim Verschmelzen der Farben vermischt sich das Rot des Feldmohns mit dem Grün und erzeugt einen trüben, für Böden mit wilder Vegetation typischen Farbton. Man geht mehrmals mit dem sauberen und etwas feuchten Pinsel über den grünen Bereich auf der rechten Seite, bis sich der Ton aufhellt. Die Baumkrone wird weiter mit der gleichen Art von Pinselstrichen bemalt, die wir schon anfangs benutzten. Damit sich die Töne nicht vermischen, muß man diesen Bereich trocknen lassen, bevor man eine andere Farbe verwendet.

7. Nun fahren Sie fort, den Baum grün zu bemalen, bis er die gewünschte Form annimmt. Die Grüntöne reichen von Dunkelgrün bis Hellgrün, über ein Spektrum sehr dichter, fast bläulicher Töne. Unter dem Baum nimmt man kurze Pinselstriche für den Boden. Links malen wir einen Fleck, der einen Kontrast zum Wegesrand bildet, rechts wird etwas Farbe aufgetragen, die den darunterliegenden Ton erahnen läßt.

8. Die letzten Arbeitsschritte dienen dazu, Kontraste im Landschaftsbild zu vermehren. Die Baumkrone wird durch einige kurze und dunkle Pinselstriche abgeschlossen, die man auf die vorhergehenden Töne setzt. Nun zeichnet man die dünnsten Äste und die Gräser im Vordergrund zu Ende. Auf dem Weg bringt man noch ein paar Tupfer in sehr hellem und durchsichtigem Siena an. Damit ist das schöne Landschaftsbild abgeschlossen, an dem das Malen mit trockenem Pinsel gezeigt werden konnte.

ZUSAMMENFASSUNG

Das Laubwerk wird auf vollständig trockenem Grund gemalt. Sie müssen immer warten, bis der Ton getrocknet ist, bevor Sie neue Töne darübersetzen.

Dieser **weiße Bereich** wird von Anfang an ausgespart. Es wird der hellste Ton des Erdbodens sein.

Der fast trockene Pinsel betont die **Struktur des Papiers** und läßt Töne und Farben im Hintergrund durchscheinen.

Der Himmel im Hintergrund wird auf trockenem Grund gemalt. Die Verschmelzung der Töne entsteht durch das Abstufen der Farbe bis zum Weiß des Papiers.

Hier hat sich das **Rot**, das auf das Grün gesetzt wurde, mit diesem zu einer bräunlich trüben Farbe vermischt.

Die Gräser im Vordergrund werden zuletzt gemalt.

6 Feuchte und trockene Maltechniken

DER FEUCHTE MALGRUND

Der feuchte Malgrund ermöglicht atmosphärische Wirkungen, verschwimmende Flecken und fließende Übergänge, Schattierungen und aufquellende Farben. Der Feuchtigkeitsgrad des Papiers bestimmt die Ausbreitung der neuen Farbe, die man darauf malt. Das kontrollierte Anfeuchten des Papiers erlaubt sehr exaktes Arbeiten in den Bereichen, wo man die Farbe verwendet. Die Feuchtigkeit läßt sich durch saugfähiges Papier, durch die Verwendung eines Schwammes, eines trockenen Pinsels oder durch Verdunstung beeinflussen.

In der Aquarellmalerei verwendet man selten ausschließlich einen feuchten bzw. einen trockenen Malgrund. Normalerweise werden beide Techniken miteinander kombiniert. Vollständig unterscheiden sich beide Techniken nur durch die Dauer des Trocknens zwischen dem Auftragen zweier Schichten. Ist der Malgrund feucht, breitet der neue Pinselstrich sich aus; ist hingegen der Pinselstrich feucht, wird er konkret und präzise.

▶ 1. Feuchten Sie das Papier vollständig mit Schwamm oder Pinsel an. Vorher wurde es mit Klebeband befestigt, um die Bildung von Höhen und Tälern zu vermeiden. Auf dem vertikal gestellten und sehr feuchten Papier zieht man oben einen waagerechten Pinselstrich (so wurde bereits in den vorherigen Kapiteln verfahren, doch muß man großen Wert auf eine kontrollierte Tuschzeichnung legen, um alle Grundtechniken der Aquarellmalerei zu verstehen). Dank der Papierfeuchtigkeit läßt sich die Farbe mit dem Pinsel sachte zum Weiß hinunter abstufen.

◀ 2. Warten Sie, bis das Papier etwas trockener geworden ist. Malt man, wenn es noch ganz naß ist, geschieht dasselbe wie bei der anfangs beschriebenen Lavierung: Die Farbe breitet sich vollständig aus. Ist der Grund noch feucht, doch nicht mehr ganz naß, malt man wieder mit Dunkelblau. Wie sich erkennen läßt, kann man aufgrund der geringeren Feuchtigkeit die Form viel besser kontrollieren, auch wenn sie in den Konturen leicht anschwillt.

▶ 1. Auf demselben Bild wie zuvor, das jetzt fast ganz trocken ist, bemalt man einen neuen Bereich, diesmal unten. Er muß nicht genauso aussehen wie hier. Es handelt sich nur um eine Übung zur Dauer, die das Trocknen jeder Schicht verlangt. Bislang wurden drei verschiedene Schichten auf das Papier gemalt, jede braucht eine bestimmte Zeit zum Trocknen. Die Kontrolle über die Strichführung verbessert sich, je trockener das Papier ist.

DAUER DES TROCKNENS JEDER SCHICHT

Um die Zeiten für das Trocknen jeder Schicht verfolgen zu können, sollte man mit diesem Beispiel fortfahren. Das Arbeiten auf feuchtem Grund läßt sich um so besser kontrollieren, je trockener das Papier wird, bis es schließlich in ein Arbeiten auf trockenem Grund übergeht.

▶ 2. Der Streifen im Hintergrund läßt sich beliebig modellieren, solange er noch feucht ist. Sie können ihn sogar in den Malgrund hinein abstufen. Ist der erste Gebirgszug einmal trocken, läßt sich sehr präzise eine zweite Reihe Berge malen. Der dunklere Ton hat scharf umrissene Grenzen und wird durch die Berührung mit der ersten Schicht von Bergen nicht verändert. Es sei hier noch einmal daran erinnert, daß beim Aquarell keine hellen Töne über dunkle gemalt werden können, es geht nur umgekehrt.

▶ 3. Als Abschluß dieser Übung zur Dauer des Trocknens malen wir weiter im Vordergrund noch einen Gebirgszug. Die Erfahrung zeigt, daß eine so genaue Form nur auf ganz trockenem Grund zu erreichen ist.

1. Die Farbe des Papiers ist das Weiß, einen helleren Ton erreicht man nicht. Die Helligkeit des Papiers kann allerdings mit einer gleichmäßigen Lasur modifiziert werden, wie etwa hier durch ein sehr hell getöntes Ocker. Obwohl das Papier ganz bemalt ist, läßt die Transparenz der Aquarellfarbe weiterhin den leuchtend weißen Grund durchscheinen, es handelt sich um eine nichtdeckende Farbe.

DEN GRUND ATMEN LASSEN

Der Malgrund des Papiers ist der hellste Ton, den man beim Aquarell erreichen kann. Läßt man ihn ganz weiß, können die Glanzpunkte weiß sein. Sind hingegen die hellsten Töne von einer anderen Farbe, so werden auch die glänzenden Stellen die gewählte Farbigkeit haben. Diese Übung wird zeigen, wie sich die Farbe des Hintergrundes auf das gesamte Werk auswirkt. Die hellsten Töne müssen zwischen den dunkelsten und dichtesten atmen können.

2. Lassen Sie die Farbe des Malgrunds fast ganz trocknen. Beginnen Sie dann, mit Siena die dunklen Stellen der Wolken zu malen und deren Formen aus der hellen Grundfläche herauszuarbeiten. An einigen Stellen mischt sich die Farbe mit dem noch nicht getrockneten Hintergrund. Im unteren Teil des Bildes verwenden Sie die Technik des trockenen Pinsels für die Reflexe auf dem Wasser. Der fast trockene Pinsel trägt nur wenig Farbe auf und hebt so die körnige Struktur des Papiers hervor. Man nennt das "den Malgrund atmen lassen".

3. Will man nicht, daß sich die Töne mischen, so muß man warten, bis der Hintergrund vollständig getrocknet ist. Diese Gegenlichtskizze wird in sehr dunkler gebrannter Umbra gemalt. Da der Grund ganz trocken ist, kann man die Farbe auftragen, ohne daß sich die Töne vermischen. In diesem Bereich kann stellenweise feuchte Farbe abgetragen werden, um den Ton abzuschwächen.

▶ 1. Beginnen Sie nun, den Hintergrund in verdünntem Kobaltblau zu malen. Mit dem Pinselstrich wird die Form der Wolken herausgearbeitet, die sich genau abzeichnen, da der Malgrund völlig getrocknet ist. Für den unteren Bereich nimmt man einen sehr viel transparenteren und leuchtenden Ton. Bevor die blaue Farbe ganz trocken ist, mischt man einen sehr dünnen schwarzgelben Ton, mit dem man die dunklen Stellen der Wolken malt. Wo die Farben sich berühren, verschmelzen beide Töne miteinander; wo der Grund trocken ist, tritt hingegen das hellste Weiß hervor.

KOMBINIERTE TECHNIKEN

Kennt man einmal die verschiedenen Zeiten, die das Trocknen dauert, lassen sich beide Techniken hervorragend kombinieren. Mit einiger Übung kann man beachtliche Effekte erzielen, und zwar leichter, als es zuerst aussieht. Das Verschmelzen von Tönen auf feuchtem Grund kann zusammen mit den Effekten auf trockenem Papier angewandt werden, um die Weite der Landschaft, Strukturen von Gegenständen usw. zu zeigen.

▶ 2. Auf dem noch immer feuchten Papier malen Sie in sehr dunklem Blau den Hintergrund am Horizont, der Ton verschmilzt zum Teil mit der bläulichen Himmelsfarbe. Im unteren Bereich malen Sie dunkelgraue Flecken. Tragen Sie diese Pinselstriche sehr locker und präzise auf. Sie breiten sich nicht aus, da der Hintergrund völlig getrocknet ist.

▶ 3. Warten Sie, bis das Bild ganz trocken ist. Jetzt können Sie alle Kontraste sehr genau herausarbeiten. Der trockene Pinselstrich läßt den Grund durchscheinen. Die weiße Farbe des Papiers atmet an den Stellen, die Sie mit dem Pinsel abgetragen oder ausgespart haben.

Schritt für Schritt

Feigen und Äpfel

In der folgenden Übung lernen wir, ein schlichtes Stilleben zu malen, das aus ganz einfachen Elementen zusammengesetzt ist: einigen Äpfeln und Feigen. Früchte lassen sich leichter malen als zum Beispiel ein Teller oder eine Flasche, deren streng geometrische Formen keinen Spielraum für Abweichungen zulassen. In diesem Arbeitsvorschlag kommen die beiden Grundtechniken des Aquarells zur Anwendung. Natürlich halten sich die Schwierigkeiten bei diesem Beispiel in Grenzen, damit Sie sich die Techniken des Malens auf trockenem oder feuchtem Papier gründlich aneignen können.

MATERIAL

Tubenfarben (1), Graphitstift (2), mittelgekörntes Papier (3), Aquarellpinsel (4), Wasserglas (5), Klebeband (6) und Brett (7).

1. Die Zeichnung dieses Stillebens ist ganz einfach; man geht dabei von der elementaren Form eines Kreises aus. Komplexer ist lediglich die Komposition der Bildelemente auf dem Papier. Die Skizze beschränkt sich auf das Wesentliche: Man zieht nur die Linien, die die Früchte umranden. Mit feinen Strichen werden dann die Schatten auf dem Tisch gezeichnet.

2. Wir beginnen mit dem Apfel im hinteren Teil der Komposition. Seine ganze Oberfläche wird in hellem Gelb gemalt, doch spart man die glänzenden Stellen aus, sie bleiben weiß. Verdunkeln Sie die Farbe auf der Palette mit etwas Grün und malen Sie dann den Teil, der dem Schatten entspricht. Diese Farbe verschmilzt mit dem vorhergehenden Ton, weil dieser noch feucht ist. Die dunkelste Stelle des Schattens wird leicht mit Siena abgetönt. Der Pinsel wird gereinigt und dann nach rechts gezogen, wo man etwas von der frischen Farbe abträgt. Der Schatten der Feige wird in sehr dunklem violettem Karminrot gemalt; zum hellen Teil hin wird die Farbe abgestuft.

4. Der Schatten des Apfels im Vordergrund wird in einem grünlichen Gelb gemalt. Man spart dabei die Form der Feige aus. Die Farbe dringt nicht in sie ein, denn das Papier ist trocken.

3. Bei den Feigen auf der rechten Seite gibt man etwas mehr Blau in das Violett als an der linken Feige. Zuerst wird der hellste Ton gemalt, darüber dann die dunklen Schatten. Da der Hintergrund von den zuvor aufgetragenen Farben noch etwas naß ist, mischen sich diese direkt auf dem feuchten Papier. Man verdünnt die violette Farbe, bis sie sehr transparent ist. Mit diesem Ton malen Sie dann den Schatten der Früchte im Hintergrund. Man muß die Feigen lange genug trocknen lassen, wenn man ihre Form beim Auftragen neuer Farbe bewahren will.

Wenn es sehr schwerfällt, getrocknete Farbe abzutragen, um Helligkeit zu erreichen, kann man zum Wasser einige Tropfen Lauge hinzugeben. Auf diese Art erlangt man ein leuchtendes Weiß.

5. Die hellen Stellen des Apfels werden in sehr reinem Goldgelb gemalt, doch läßt man das Glanzlicht ganz weiß. Im oberen Teil des Schattens verdunkelt man den Apfel mit gebrannter Umbra, die man mit kräftigen Pinselstrichen zu den übrigen Farben hinzumischt. Beim Auftragen der Schattentöne müssen Sie darauf achten, den gelben Bereich nicht zu beflecken – er muß sauber bleiben. In dunklem, kaum verdünntem Karmin malt man die Öffnung der reifen Feige. Mit dem trüben Wasser zum Reinigen der Pinsel verteilen Sie dann eine transparente Lasur über den ganzen Hintergrund. Doch warten Sie hiermit, bis die verschiedenen Farbaufträge ganz getrocknet sind!

6. Wenn der Hintergrund trocken ist, malen Sie die Feige im Vordergrund in sehr hellem Ultramarinblau. Die Lichtreflexe bleiben weiß. Ebenfalls in Ultramarinblau wird der Schatten der Früchte vorn auf dem Tisch gemalt. Ist die helle Farbe der Feige fast trocken, schattiert man sie mit dunkleren Strichen, läßt aber auf beiden Seiten des Einschnitts einen hellen Streifen.

7. Im oberen Teil der Feige trägt man mit kräftigen Strichen und einem feuchten, sauberen Pinsel eine Stelle ab. Bevor dieser Bereich getrocknet ist, gehen Sie mit oranger Farbe darüber, die sich schnell mit dem Violett der darunterliegenden Schicht vermischt. Die dunkelsten Töne erreichen Sie mit einem Violett, das Sie aus dunklem Karmin und Kobaltblau mischen. Sie können aber auch ein wenig Ultramarinblau hinzufügen. Solange die Farbe noch feucht ist, entfernen Sie mit gleichmäßigen Pinselstrichen wieder einen Teil davon. Auch wenn die Farbe ganz trocken ist, kann man sie wieder abtragen, doch muß man den Pinsel dann viel stärker aufdrücken, um ein Weiß zu erreichen.

8. Wenn das nasse Papier etwas getrocknet ist, gibt man die stärksten Kontraste auf die gerade gemalte Feige. Mit fast trockenem Pinsel malt man wieder den Schatten auf dem Tisch. Eine solche Textur läßt sich nur auf ganz trockenem Papier erreichen. Damit ist diese Übung beendet, in der die beiden Grundtechniken der Aquarellmalerei angewendet wurden. Sie ist nicht schwer, wenn man stets die Wartezeit einhält, die die Stelle, welche man gerade bemalt, zum Trocknen benötigt.

ZUSAMMENFASSUNG

Beim Malen des Apfels im Vordergrund vermischt sich der Schatten mit dem helleren Ton, da die zweite Farbe gemalt wurde, als die erste noch feucht war.

In der Feige auf der linken Seite werden die dunklen Stellen erst gemalt, wenn die erste Farbschicht trocken ist.

Die erste Farbe, die aufgetragen wird, ist die des Apfels im Hintergrund. Die weiteren Töne fügt man hinzu, solange die gelbe Grundfarbe noch feucht ist.

Die Feigen neben dem Apfel im Hintergrund werden erst gemalt, wenn dieser ganz trocken ist.

Auf den Malgrund gibt man eine fast transparente Lasur. Die Farben dringen nicht in sie ein, weil man mit dem Auftragen gewartet hat, bis das ganze Bild trocken ist.

7 Das Öffnen weißer Stellen

MALSTELLEN ÖFFNEN

Im Wort „Öffnen" steckt die Vorstellung, daß etwas Verschlossenes aufgemacht wird. In der Aquarellmalerei bedeutet Öffnen, daß das durch den Farbauftrag geschmälerte Licht wieder zurückgeholt wird. Es gibt verschiedene Techniken, eine Helligkeit beim Aquarell zu öffnen. Alle verfolgen dasselbe Ziel: die Farbe vom Papier abzutragen.
Auf dieser Seite werden ein paar einfache und schnelle Übungen gezeigt. In ihnen wird erklärt, wie man auch in schwierigen Fällen das Weiß wiedererlangen kann.

Wer in der Aquarelltechnik zu malen beginnt, mag des öfteren Sätze zu hören bekommen wie: "Aquarelle lassen sich nicht korrigieren." Das aber ist falsch. Tatsächlich sind die technischen Möglichkeiten des Aquarells so reichhaltig, daß einer der interessantesten Kunstgriffe gerade das Abheben von Farbe ist. Die hellen oder weißen Stellen, die man so wieder öffnet, lassen sich unterschiedlich nutzen: von der bloßen Korrektur eines Fehlers bis hin zum Ausarbeiten technischer Effekte, zum Beispiel für Texturen.

▶ 1. Malen Sie in irgendeinem Farbton einen viereckigen Fleck. Nehmen Sie einen trockenen Schwamm und drücken Sie ihn auf die Mitte des Flecks. Nimmt man den Schwamm wieder weg, hat er etwas frische Farbe abgetragen und den Abdruck seiner Struktur auf dem Papier hinterlassen.

◀ 2. Dann malen Sie einen weiteren Fleck und feuchten jetzt den Schwamm leicht an, bevor Sie ihn auf das Bild drücken. Der Schwamm wird ganz ausgewrungen, um das überflüssige Wasser zu entfernen. Preßt man ihn auf den feuchten Fleck, so löst er schließlich die Farbe und nimmt eine größere Menge von ihr auf.

▶ 3. Man malt einen weiteren Fleck in der gleichen Art wie zuvor. Auch hier wringt man den Schwamm erst aus, damit er nicht zu naß ist. Nun geht man mit dem feuchten Schwamm über die frisch bemalte Oberfläche, drückt und zieht ihn gleichzeitig: Der erreichte Ton ist noch heller als beim Drücken allein.

◀ 4. Für die letzte Übung nimmt man einen Pinsel. Man malt wieder einen quadratischen Fleck. Solange er noch feucht ist, geht man mehrmals mit dem Pinsel über dieselbe Stelle, wäscht und trocknet ihn danach jedesmal ab. Die Farbe läßt sich so sehr viel kontrollierter als mit einem Schwamm abtragen.

▶ 1. Man bemalt den oberen Bereich mit kräftigen Strichen in blauer, mit etwas gebrannter Umbra gemischter Farbe. Einige Stellen bleiben unbemalt und ganz weiß. Wenn der dem Himmel entsprechende Teil des Bildes getrocknet ist, malt man die Berge im Hintergrund in gebrannter Umbra, die etwas mit Blau gemischt ist. Wenn die Berge trocken sind, bemalt man den ganzen Bereich, der dem Erdboden entspricht. Hierfür nimmt man Ocker; auf die feuchte Farbe gibt man dann noch Pinselstriche in Siena und gebrannter Umbra.

EINE FEUCHTE STELLE REINIGEN

In den vorhergehenden Kapiteln wurde auf verschiedene Art Farbe abgetragen, etwa um den Himmel darzustellen, doch bietet diese Technik noch viel mehr Möglichkeiten. Das Weiß des Papiers läßt sich viel besser wiedergewinnen, wenn die Farbe noch feucht ist. Öffnet man eine helle Stelle auf trockener Farbe, so wird das Weiß des Papiers schwerlich seine ursprüngliche Helligkeit wiedererlangen, außer es handelt sich um erstklassiges Papier. Wie rein das Weiß ist, hängt von der Qualität des Papiers ab.

▶ 2. Solange der Boden feucht ist, können Sie mit einem sauberen und trockenen Pinsel Farbe abtragen und verschiedene helle Stellen hervorheben. Zuerst ziehen Sie den Pinsel vom Mittelpunkt des Horizonts fort und öffnen lange Linien, die der Perspektive der Landschaft folgen. Genau in der Mitte des Erdbodens öffnen Sie dann eine größere helle Stelle. Sie wird sehr viel stärker als die vorhergehenden Stellen aufgehellt: Um ein reineres Weiß zu erreichen, müssen Sie mit dem Pinsel mehrmals über die Stelle gehen. Dann spülen Sie ihn aus, streifen überflüssiges Wasser ab und wiederholen den Vorgang.

▶ 3. Wenn die Farbe des Erdbodens fast trocken ist, kann man die dunkleren Töne daraufsetzen, die die weißen und die vorhergehenden Farbtöne immer noch durchscheinen lassen.

▶ 1. Malen Sie den Baumstamm in sehr dunkler gebrannter Umbra. Die pastosen Tubenfarben ermöglichen dunklere Töne als die Farben aus Näpfen. Wie Sie sehen, wird die Helligkeit des Papiers fast vollständig abgedunkelt. Diese Form ist nicht schwer zu malen, doch ist es nicht wichtig, ob sie genauso wie auf dem Bild aussieht. Um mit der Übung fortzufahren, lassen Sie die Farbe vollständig trocknen. Mit einem Fön läßt sich das Trocknen beschleunigen.

◀ 2. Ist die Farbe trocken, nehmen Sie einen runden, dicken Pinsel, feuchten ihn an, streichen das überflüssige Wasser ab und beginnen, ihn senkrecht über die trockene Farbe zu streichen. Nach einigen Strichen wird die trockene Farbe wieder weich und bleibt am Pinsel haften. Wenn der Pinsel beginnt, Farbe abzutragen, wäscht man ihn aus, bevor man fortfährt, weiße Stellen zu öffnen. Je länger man mit dem Pinsel eine bestimmte Stelle bearbeitet, desto weißer wird sie schließlich sein.

▶ 3. Einige Linien läßt man sehr hell, andere werden nur angedeutet. Diese Übung soll das Gefühl für den feuchten Pinsel auf trockener Farbe sensibilisieren. In späteren Kapiteln werden wir uns dieses Verfahrens wieder bedienen, um die unterschiedlichsten Strukturen herauszuarbeiten.

EINE TROCKENE STELLE REINIGEN

Des öfteren bemerkt der Aquarellmaler, daß auf einem Teil des Bildes, den er schon für fertig hielt, eine helle oder weiße, dem Ton des Papiers ähnliche Stelle geöffnet werden muß. Ebenso wie man eine getrocknete Farbe auf der Palette wieder einweichen kann, ist dies auch auf dem Papier möglich. Die beiden Verfahren, die auf dieser und der folgenden Seite entwickelt werden, bilden die Grundlage zahlreicher technischer Effekte auf allen Lernniveaus.

▶ 1. Dieses Verfahren beschreibt keinen konkreten Arbeitsvorgang, doch sollte man es einmal praktisch anwenden, um zu lernen, wie man helle Stellen einer bestimmten Form wieder öffnet. Übungen dieser Art ermöglichen es, fehlerhafte Kompositionen auszubessern oder sogar neue Details an komplizierten oder sehr dunklen Stellen hinzuzufügen. Die Ausarbeitung der Blumen ist sehr einfach. Es folgen die Stiele und schließlich ein sehr dunkler blauer Hintergrund. Bevor man beginnt, muß die Farbe ganz trocken sein.

TEILE UMARBEITEN

Wenn Sie ein Bild gemalt haben und dieses schon ganz trocken ist, werden Sie manchmal feststellen, daß es nötig ist, ein weiteres Detail hinzuzufügen. Sind der Hintergrund oder die entsprechenden Teile des Bildes sehr hell, so ist dies kein größeres Problem, da man auf eine helle Farbe stets mit einer dunkleren malen kann. Ist der Hintergrund hingegen dunkel, so muß man den betreffenden Bereich reinigen und aufhellen, bevor man dort eine hellere Farbe aufträgt.

▶ 2. So wie auf der vorigen Seite senkrechte Linien abgetragen wurden, um die weißen Stellen der Baumrinde herauszuarbeiten, benutzt man nun einen feuchten flachen Pinsel, um die Form für eine neue Blume einzuweichen und zu reinigen. Hier muß man mit dem feuchten und sauberen Pinsel sehr beharrlich zu Werke gehen, da man ein möglichst helles Weiß braucht. Bei dieser Übung ist die Qualität des Papiers von großer Bedeutung: Ein hochwertiges Papier erlaubt sehr sorgfältiges Arbeiten – ein minderwertiges hingegen läßt sich nicht hinreichend reinigen.

▶ 3. Ist der Hintergrund, der die Form der Blume ausspart, ganz trocken, kann man diese in den entsprechenden Farben malen. Wie hell die Farben sein können, hängt davon ab, wie weiß man das Papier bekommen hat.

Schritt für Schritt
Eine weiße Vase

Das Weiß ist beim Aquarell eine der wichtigsten Farben. Obwohl es auf jedem Aquarellbild zu sehen ist, existiert es nicht wirklich als Malfarbe. Das Weiß ist die Farbe des Papiers selbst. Durch das Auftragen der Farbe verringert der Aquarellmaler die Helligkeit des weißen Papiers. In diesem Beispiel soll mit der weißen Farbe des Papiers gearbeitet werden, indem man sie durch sehr dunkle Farben abgrenzt. Außerdem soll gezeigt werden, wie man einen hellen Ton durch das Abtragen von Farbe wiedererlangt.

MATERIAL

Aquarellpapier (1), Aquarellfarben (2), Palette (3), Aquarellpinsel (4), Bleistift (5), Wasserglas (6), Klebeband (7) und Brett (8).

1. Bevor man zu malen beginnt, müssen die Stellen, die hell bleiben sollen, gut gekennzeichnet werden. In dieser Übung ist es wichtig, daß die dunklen Stellen in der Zeichnung gut zu erkennen sind, da die dunklen Töne dazu dienen, die Formen der helleren Töne und Farben herauszuarbeiten.

SCHRITT FÜR SCHRITT: Eine weiße Vase

2. Mit einer dunklen Aquarellfarbe aus Siena, gebrannter Umbra und Blau malen Sie den ganzen Hintergrund. Die Form der Vase zeichnet sich vor der dunklen Farbe hervorragend ab. Nun scheint es, als sei der der Vase entsprechende Teil weiß angemalt. Beim Malen des Hintergrundes achten Sie bitte genau auf den Umriß der Zeichnung. Der für die hellen Farben bestimmte Bereich soll nicht befleckt werden.

3. Wenn der Hintergrund trocken ist, malen Sie das Innere der Vase in sehr heller, fast transparenter Aquarellfarbe aus. Dieser Ton wird auf der rechten Seite mit schrägen Pinselstrichen aufgetragen. Wieder sparen Sie auf der linken Seite der Vase einen hellen Bereich aus. Bevor dieser Farbton getrocknet ist, arbeiten Sie mit einem feuchten und sauberen Pinsel einen hellen Streifen auf der rechten Seite heraus, so wie wir es schon im ersten Teil dieses Kapitels getan haben. Man darf den Pinsel nicht zu fest aufdrücken, wenn man kein reines Weiß erzielen will.

4. Solange die Farbe noch feucht ist, geht man locker mit einem breiten Pinsel über den ganzen Schattenbereich, um ihn zu verschmelzen. Für die Grautöne des Krugs verwenden Sie eine Mischung aus Blau und gebrannter Umbra. Um die Farbe mit dem Weiß zu verschmelzen, verwischt man die Kontur des Schattens mit einem sauberen, angefeuchteten Pinsel.

5. In einem etwas dunkleren Grauton als dem vorigen malen Sie mit schnellen Pinselstrichen den Schatten, so wie Sie es schon vorher getan haben. Auf der rechten Seite ziehen Sie mit dem feuchten Pinsel einen kräftigen, langen Strich, tragen dabei aber kaum Farbe ab. Auf diese Art arbeiten Sie dann den ganzen rechten Umriß der Vase um. Wenn die Farbe im Hintergrund ganz trocken ist, ziehen Sie in sehr hellem Blau den Rand und malen darauf einen sehr viel dunkleren Blauton.

Solange die Farbe feucht ist, kann man sie sehr einfach mit einem sauberen und trockenen Pinsel verändern.

6. Den Rand der Vase schließt man mit Strichen von nicht zu intensiver Farbe ab. Man mischt Siena und etwas Blau, das nun sehr viel dunkler ist, malt damit erneut den Hintergrund und spart dabei vorsichtig die Form der Vase aus. Beachten Sie, daß durch das Malen des dunklen Hintergrundtons die Form der Vase links beeinträchtigt wurde.

7. Sehen Sie nun, wie ein kleiner Fehler in der Mitte der Vase korrigiert wurde. Diese weiße Stelle konnte mit einem feuchten und sauberen Pinsel geöffnet werden, indem man mit kleinen Strichen Farbe abtrug, so daß der blaue Ton, der diesen Bereich umgab, verschmolzen ist. Außerdem wurde damit begonnen, den linken Umriß auszubessern. Zuerst wurde versucht, die Krümmung durch die Veränderung des dunklen äußeren Tons zu korrigieren. Diese Stelle mußte aber ausgebessert werden, indem man Farbe aus dem Innern der Form abtrug.

8. Man beginnt, den linken Rand der Vase mit dem feuchten und sauberen Pinsel umzuformen. Der Pinsel muß mehrmals vorsichtig über die Stelle gehen, damit die Krümmung ihre richtige Form bekommt. Wenn man die Form durch das Abtragen der Farbe ausgebessert hat, läßt man die Stelle trocknen und malt die Verzierung der Keramik aus. Wenn auch diese getrocknet ist, gibt man ein paar dunkle Pinselstriche auf den Schattenbereich. Schließlich malt man eine gelbe, fast durchsichtige Lasur. Wenn man neue Farbe aufträgt, spart man die hellsten Stellen wieder aus.

ZUSAMMENFASSUNG

Weißer, von Anfang an ausgesparter Bereich. Die helle Stelle auf dem Hals der Vase wurde schon zu Beginn weiß gelassen.

Weiße Stelle, die mit dem feuchten und sauberen Pinsel geöffnet wurde.

Rechts im Schattenbereich wurde mit mehreren Pinselstrichen Farbe abgetragen, ohne daß man eine ganz weiße Stelle erreichte.

Links vom Schatten wurde die Form der Vase mit dem Pinsel durch wiederholtes Austupfen des dunklen Hintergrundtons wiederhergestellt.

8 Weiße Stellen und Aussparungen

AUSSPAREN MIT DER HAND

Bei diesem Verfahren muß man die Hand anheben, um zu verhindern, daß Feuchtigkeit oder Farbe in einen Bereich dringen, der für eine weiße oder helle Stelle bestimmt ist. Beim Aussparen mit der Hand müssen Sie besonders sorgfältig darauf achten, die ausgesparte Stelle nicht zu beflecken. Eines der besten Hilfsmittel für diese Art von Aussparungen ist eine ordentliche Vorzeichnung. Farbe oder Pinsel dürfen die mit Bleistift gezeichnete Linie nicht überschreiten.

Auch in diesem Kapitel beschäftigen wir uns mit der weißen Farbe. Im einen Fall geht es darum, den weißen Papierton durch das Abheben von Farbe wiederzuerlangen. Etwas ganz anderes ist es, wenn man die weiße Stelle von Anfang an unbemalt läßt. Man kann die Stelle mit der Hand aussparen, indem man an einer bestimmten Stelle keine Farbe aufträgt. Man kann aber auch Maskierflüssigkeit verwenden, eine Gummilösung, die mit dem Pinsel aufgetragen wird und den betreffenden Bereich sofort abdeckt.

▼ 1. Bevor Sie irgendeine Farbe auftragen, brauchen Sie eine detaillierte Zeichnung, die die wichtigsten Formen und die Glanzlichter festhält, die vollständig ausgespart werden müssen. Es ist ein typischer Fehler vieler Anfänger, daß sie zu malen beginnen, bevor sie die Skizze beendet haben. Die Vorzeichnung ist in der Aquarelltechnik stets von grundlegender Bedeutung. Erst nachdem man die Skizze fertiggestellt hat, beginnt man zu malen. Zuerst werden mit den hellsten Tönen die Glanzlichter isoliert, die farblos bleiben sollen.

▶ 2. *Über die hellen Töne können dann dunklere gemalt werden. Die leuchtendsten Stellen bleiben vollständig ausgespart.*

◀ 3. Durch das Auftragen mehrerer Lasuren lassen sich unterschiedlich helle Bereiche erreichen, die allesamt das Ergebnis kürzer oder länger zurückliegender Aussparungen sind. Bei den folgenden dunkleren Lasuren kann man hellere Stellen auf den vorhergehenden Schichten aussparen.

DIE MECHANISCHE AUSSPARUNG MIT ABDECKFLÜSSIGKEIT

Hinter der klangvollen Bezeichnung "mechanische Aussparung" verbirgt sich nichts anderes als das Hinzuziehen eines weiteren Hilfsmittels, mit dem man verhindert, daß das Papier an einer bestimmten Stelle bemalt wird. Sie läßt sich auf verschiedene Arten erreichen, am praktischsten für den Aquarellmaler ist das Aussparen mit Maskierflüssigkeit. Es handelt sich um eine flüssige Gummilösung, die man mit dem Pinsel aufträgt. Während sie trocknet, wird der Bereich, den sie bedeckt, undurchlässig. Wenn die Aquarellfarbe ganz getrocknet ist, wird das Gummi einfach abgenommen, indem man mit dem Finger darüberreibt. An der Stelle, wo zuvor Gummi war, kann man nun das Weiß des Papiers sehen.

▶ 1. Diese Übung ist sehr einfach. Sie dient dazu, den Gebrauch der Maskierflüssigkeit zu erlernen. Man malt schematisch ein paar Stämme mit Siena. Es genügen die wichtigsten Linien, die das Volumen und ein paar Zweige festlegen.

▶ 2. Bevor man die Maskierflüssigkeit benutzen kann, muß die vorhergehende Schicht getrocknet sein. Die Abdeckflüssigkeit wird mit dem Pinsel aufgetragen. In diesem Fall handelt es sich um eine gelbliche, doch gibt es sie auch in grauer Farbe. Man muß nicht den ganzen Pinsel in den Behälter tunken, sondern nur den Kopf. Direkt nach dem Malen muß der Pinsel mit fließendem Wasser abgewaschen werden, damit er nicht eintrocknet.

▶ 3. Die Maskierflüssigkeit trocknet sehr schnell, man kann darüber mit jeder Farbe oder jedem Ton malen und sicher sein, daß an der Stelle, die man mit Gummilösung überzogen hat, die feuchte Aquarellfarbe nicht durchdringt. Erst läßt man die Aquarellfarbe trocknen, dann kann man die getrocknete Gummilösung abziehen. Sie hat sich in einen elastischen Film verwandelt, der leicht abgelöst werden kann, indem man einfach mit dem Finger darüberreibt.

◀ 4. Effekte durch Maskierflüssigkeit

AUSSPARUNG UND WEISSE TEMPERA

Man kann Aussparungen auf ganz unterschiedliche Arten erzeugen. Stets aber ist ihr Zweck, einen Teil des Malgrundes als hellsten Ton abzugrenzen. Manchmal ist das Papier nicht ganz weiß, so daß man diesen Ton nicht als größte Helligkeit des Aquarells benutzen kann, außer man nimmt eine dem Aquarell fremde Farbe hinzu, die weiße Tempera. Im Gegensatz zum chinesischen Weiß, das in vorhergehenden Kapiteln verwendet wurde, ist die weiße Tempera eine richtige Deckfarbe. Mit ihr kann man jederzeit vollständig weiße Stellen erreichen. Die weiße Tempera wird vor allem für Glanzlichter auf farbigem Papier benutzt. In dieser einfachen Übung soll die Arbeit auf farbigem Papier mit der auf weißem Papier verglichen werden.

▶ 1. Für diese Übung benötigen Sie zwei verschiedene Papiersorten, ein weißes Aquarellpapier und ein farbiges Blatt. Man befestigt beide Papiere mit Klebeband auf der Unterlage. Das Papier auf der linken Seite ist cremefarben, das rechts ganz weiß. Auf beiden Papieren malt man ein ähnliches Bild. Das Aquarellpapier ermöglicht alle Arten von Farbtönen bis hin zum ausgesparten Weiß, auf dem farbigen Papier dagegen ist der hellste Ton der des Blattes.

▶ 2. Um das Fehlen eines weißen Grundes beim farbigen Papier auszugleichen, benutzen Sie weiße Tempera. Das Bild gewinnt dadurch an Dynamik und Lichteffekten. Doch spart man auch hier ein paar Stellen aus, an denen die Farbe des Grundes zwischen den dunkleren blauen Tönen atmen kann.

◀ 3. Vergleichen Sie die unterschiedliche Behandlung beider Papiere. Mit weißer Tempera lassen sich mehr Effekte erzielen, wenn man sie auf farbigem Papier verwendet. Man wird nicht allzu oft beim Aquarell auf sie zurückgreifen, doch sollte man mit ihr, wie mit anderen Hilfsmitteln auch, vertraut sein.

AUSSPARUNGEN UND LASUREN

Setzt man eine Lasur auf eine bereits getrocknete Schicht, erhält man die Summe beider Töne oder Farben, das zeigte sich schon wiederholt. Dieselbe Wirkung läßt sich auch bei ausgesparten Stellen erzielen. In diesem Kapitel haben wir gelernt, wie man mit Maskierflüssigkeit vollständig weiße Stellen erzeugt. Spart man nun auf einer schon bemalten und getrockneten Oberfläche Stellen mit diesem Gummi aus, so erscheint, wenn man es abzieht, inmitten der neu aufgetragenen Farbe wieder der abgedeckte Ton. Man kann die weiß ausgesparten Stellen auch mit hellen Tönen bemalen, was die dunkleren Farben ringsum kaum beeinträchtigt.

▼ 1. Die erste weiße Stelle wird mit Maskierflüssigkeit ausgespart. Man beginnt mit einer Zeichnung, die schematisch die Form erfaßt; sie bleibt hell. Mit einem mittelfeuchten Pinsel mit Gummilösung betupft man die Bereiche, die bei der ersten Lasur frei bleiben sollen.

▼ 2. Ist die Maskierflüssigkeit getrocknet, kann man gleichmäßig Farbe auftragen. Wie bereits gezeigt, dringt die Farbe nicht in den Bereich, der mit dem Gummi überzogen wurde. Diese Technik ist sicherer als das Aussparen mit der Hand, doch ist das Verfahren auch langwieriger und arbeitsintensiver. Die Abdeckflüssigkeit eignet sich insbesondere für kleine Details und für Stellen, die sich nur mühsam mit der Hand aussparen lassen.

◀ 3. Bevor man die vorhergehende Gummilösung abzieht, gibt man auf die trockene Farbe nochmals etwas Maskierflüssigkeit. Nun wird der Grünton ausgespart, den man zuerst aufgetragen hat.

▶ 4. Man bemalt die Baumkrone in einem etwas dunkleren Grünton. Wenn die Aquarellfarbe getrocknet ist, zieht man den ersten Gummifilm ab und erhält die Ursprungsfarbe des Papiers zurück. Dann nimmt man den zweiten Film weg und sieht an seiner Stelle die Farbe der ersten Lasur. Schließlich kann man die ausgesparten Stellen mit hellen Tönen überarbeiten.

Schritt für Schritt

Berglandschaft

Es wurden bereits verschiedene Verfahren vorgestellt, mit denen man Aussparungen vornehmen kann. In diesem Arbeitsvorschlag soll ein verschneiter Berg ausgespart werden. Im entsprechenden Teil des Bildes werden nacheinander verschiedene Stellen freigelassen.
Für dieses Landschaftsbild braucht man keine Maskierflüssigkeit zum Aussparen, da der wichtigste Bildgegenstand sehr groß ist und es keine kleinen Details oder feinen Linien gibt, die auszusparen sich lohnen würde.

MATERIAL

Aquarellpapier (1), Aquarellfarben (2), Palette oder Teller (3), Aquarellpinsel (4), Bleistift (5), Wasserglas (6), Klebeband (7) und Unterlage (8).

1. Landschaften sind für den Anfänger in der Aquarelltechnik ganz besonders als Motive geeignet. Die Zeichnung muß hier nicht so präzise ausgeführt werden wie zum Beispiel beim Stilleben oder Akt. Es ist einfacher, ein paar Linien zu zeichnen, die Berge darstellen, als etwa das Oval eines perspektivisch dargestellten Tellers zu erfassen. Diese Zeichnung ist sehr einfach, doch muß man im Bereich der Berge die Stellen für die dunkleren Töne genau kennzeichnen, um die weißen Aussparungen präzise vornehmen zu können.

2. Um den ganzen weißen Bereich der Berge von der Farbe auszusparen, die auf das Papier gemalt werden soll, verteilen Sie zuvor einige Pinselstriche reinen Wassers über den Himmel, damit er feucht wird. Dabei dringen Sie jedoch nicht in den Bereich, der den Bergen entspricht. Das Wasser dient dazu, das Weiß auf dem Papier auszusparen, da sich die Farbe nur auf den zuvor angefeuchteten Stellen ausbreitet. Nun beginnen Sie, die Farbe von oben her unterschiedlich intensiv aufzutragen: Man nimmt Kobaltblau und ein wenig Ocker, um grünliche Töne zu erreichen.

Mit der Hand sparen Sie die Bereiche aus, die dem Weiß des Papiers entsprechen.

3. Auf die vorhergehende, schon trockene Farbe malen Sie wieder in sehr reinem Ultramarinblau; die ursprüngliche Farbe wird nun zum ersten ausgesparten Bereich, weil man mit dem Blau jetzt einige Stellen des zuvor aufgetragenen Grautons isoliert. Im unteren Bereich läßt die blaue Farbe jene Stellen frei, die die Wolken über den Bergen darstellen sollen. Damit die Berge weiterhin ausgespart bleiben, befeuchten Sie mit sauberen Pinselstrichen wieder den Teil des Himmels, vor dem sie sich abzeichnen. Nun kann man die Wolken am Horizont malen, ohne befürchten zu müssen, daß sie in den weißen Bereich dringen.

4. Solange die Fläche rings um die Berge noch feucht ist, beendet man die niedrigsten Wolken. Man nimmt hier Kobaltblau und etwas gebrannte Umbra für den bleiernen Ton der Wolken. Der Bereich soll nicht überall gleich bemalt werden. Vielmehr kombiniert man verschiedene Farbintensitäten, um hellere und dunklere Töne zu erreichen. Die hellsten Stellen der Wolken müssen ausgespart werden, wenn man diese malt. Nun erkennt man die Bedeutung der ultramarinblauen Farbe, die bei den großen Wolken ausgespart wurde. Auch der weiße Berg, den die Wolken am Horizont freigelassen haben, zeichnet sich ab.

5. Beginnen Sie, den Schatten der Berge in Ultramarinblau, gemischt mit etwas Dunkelblau, zu malen. Tragen Sie dabei die stark verdünnte Farbe sehr präzise im zuvor gezeichneten Bereich auf. Der blaue Fleck darf die Wolken nicht berühren. Sie müssen eine feine weiße Trennlinie dazwischen lassen. Dieser weiße Streifen wird auch als Teil des ausgesparten Bereichs betrachtet.

6. Wenn man die Stelle gemalt hat, die dem Schatten links auf dem Berg entspricht, setzt man darüber ein paar Ockertöne, die sich mit dem Kobaltblau vermischen. Mit fast transparenter Farbe malt man die helleren Schattentöne des Berges, immer noch auf trockenem Papier, damit das hellste Weiß weiterhin ausgespart bleibt. Um nun rechts die Bäume zu malen, nimmt man eine Mischung aus Dunkelgrün, Blau und etwas Siena. Die Pinselstriche sollen kurz und senkrecht sein; sie werden dicht aufgetragen, weiter oben dagegen mit etwas Abstand, damit das Weiß des Malgrundes dazwischen atmen kann.

7. Der rechte Teil des Bildes wird mit zahlreichen Pinselstrichen, die den bewaldeten Bereich darstellen, auf trockenem Papier abgeschlossen. Es ist wichtig, hier die feinen Stellen auszusparen, bei denen der Malgrund durch die Bäume hindurchscheint. Die dunkle Farbe der Bewaldung wird schnell aufgetragen, wobei Anfang und Ende des Pinselstrichs von großer Bedeutung sind. Der Pinsel soll nicht zuviel Farbe aufnehmen, damit große Flecken vermieden werden. Schließlich tragen Sie locker kleinere Pinselstriche auf, um die auf dem Berg verstreuten Bäume anzudeuten.

8. Es folgen die letzten Veränderungen an den dunklen Stellen im Bereich des Waldes. Hierfür nehmen Sie eine Farbmischung, in der gebrannte Umbra und Dunkelgrün dominieren. Der linke Teil wird in Ultramarinblau abgeschlossen.

ZUSAMMENFASSUNG

Das Ultramarinblau des Himmels spart seinerseits die erste Schicht von Grautönen aus.

Die Grautöne der Berge wurden zuerst gemalt: So läßt sich das Weiß sehr viel genauer aussparen.

Der Bereich der Grautöne auf der linken Seite wird schließlich noch mit sehr heller Farbe überarbeitet.

Das reinste Weiß entspricht der Farbe des Papiers.

Der Bereich des Waldes läßt den weißen Ton des Papiers durchscheinen, das beim Malen trocken sein muß.

Die kleinen Striche für die Bäume werden gemalt, wenn das Bild fast abgeschlossen ist.

9 Spezielle Verfahren

SPEZIELLE MATERIALIEN

Es gibt viele Hilfsmittel, die man gewöhnlich benutzen kann, um die Oberfläche des Aquarellbildes zu verändern. Eines der gebräuchlichsten Werkzeuge im Atelier des Aquarellmalers ist der Fön. Mit ihm kann man die Verdunstung des Wassers auf dem Papier beschleunigen. Ein weiteres Hilfsmittel, mit dem sich die Oberfläche des Papiers verändern läßt, ist Schmirgelpapier.

Das Aquarell reagiert sehr empfindlich auf jede Veränderung an seiner Oberfläche. Diese Besonderheit hat auch ihre Vorteile, sofern man die Mittel kennt, die solche Mängel hervorrufen. Bei der Arbeit des Aquarellmalers passieren oft kleine Mißgeschicke, zum Beispiel gibt es einen Kratzer auf dem Papier, einen kleinen Riß mit dem Ende des Pinsels oder andere Veränderungen, sei es aus Zufall oder mit Absicht.

▶ 1. Man trägt die dunkle Farbe wie gewöhnlich auf. In dieser Übung sollen mit Schmirgelpapier Strukturen auf einigen Felsen angebracht werden. Die Farben, mit denen die Felsen gemalt werden, können sehr dunkel sein.

▼ 2. Einige Veränderungen werden vorgenommen, wenn die Farbe ganz trocken ist. Um das Trocknen zu beschleunigen, benutzt man einen elektrischen Fön. Wenn das Papier sehr feucht ist, darf man mit dem Trockner nicht zu nahe herankommen, damit der Luftstrom das Wasser nicht verlaufen läßt.

3. Mit mittelkörnigem Schmirgelpapier bearbeitet man die Oberfläche der Steine. Durch die Abnutzung des Papiers wird dessen obere Schicht wegradiert und bereits trockene Farbe abgetragen. Man darf das Schmirgelpapier nicht zu stark aufdrücken und es auch nicht überall benutzen, sondern nur dort, wo man eine Textur auf der Oberfläche erzeugen will.

▼

▲

4. Auf der mit Schmirgelpapier strukturierten Oberfläche kann man wieder mit sehr transparenten Aquarellfarben oder auch mit dunklen Farben malen, ohne den bearbeiteten Bereich ganz zu bedecken.

▶ 1. Die verschiedenen Wirkungen der Aquarellfarben lassen sich entweder auf der ganz trockenen Oberfläche oder auf frisch aufgetragener Farbe erzielen. Diese Übung wird auf frisch aufgetragener Farbe durchgeführt.

DAS PAPIER MIT DEM PINSELENDE AUFKRATZEN

Auch das dem Kopf des Pinsels entgegengesetzte Ende, das heißt die Spitze des Griffs, ist ein sehr praktisches Werkzeug und bietet zahlreiche Möglichkeiten. Mit einem spitzen Pinselende läßt sich mancherlei bewirken, vor allem auf feuchten Aquarellen. Einige Pinsel haben ein spitzes Ende, bei anderen ist es stumpf. Es gibt sogar Aquarellpinsel mit schrägkantigem Ende, die speziell für das Abkratzen der Farbe gedacht sind.

▶ 2. In die noch feuchte Oberfläche gehen Sie mit dem Pinselende so hinein, wie auf diesem Bild zu sehen ist. Man soll es nicht zu sehr aufdrücken, da schon ein kleiner Strich seine Spur auf dem Papier hinterläßt. Auf diese Weise erreicht man keine reinen Weißtöne. In der Kerbe auf dem Papier sammelt sich etwas mehr Farbe als auf der übrigen Oberfläche an, zumindest wenn man mehrmals mit dem Pinsel darübergeht. In diesem Fall gehen Sie zweimal mit dem Pinsel über dieselbe Stelle. Anstatt Farbe anzusammeln, wird auf diese Art ein wenig Farbe abgetragen, so daß Sie einen helleren und zarteren Ton erreichen.

▶ 3. Drückt man den Pinsel kräftig auf den noch immer feuchten Grund, kann man die Farbe wieder aufhellen, wie in der Baumpflanzung auf dem Bild. Nicht alle Pinsel sind dafür geeignet, da manche ein zu stumpfes Ende haben.

TEPPICHMESSER

▶ *Mit dem Teppichmesser kann man die trockene Farbe ganz gezielt abkratzen, es lassen sich auch sehr feine Linien erzeugen. Das Messer darf nicht wie beim Schneiden verwendet werden, sondern nur seitlich, so daß es ausschließlich die Farbe abträgt. Dies ist einer der vielen Effekte, die man auf trockener Farbe erreichen kann.*

Mit einem Teppichmesser läßt sich sehr exakt auf dem Papier arbeiten. Weil diese Werkzeuge recht scharf sind, darf man sie nicht auf feuchtem Papier verwenden, da dieses beim Kratzen leicht reißen könnte. Das Teppichmesser ist praktischer als das Messer, da es mit seinem Griff so präzise wie ein Bleistift gehandhabt werden kann. Ein weiteres Hilfsmittel, mit dem sich beim Aquarellmalen interessante Effekte erzielen lassen, ist Terpentinöl: Mischt man auf dem Blatt einen Pinselstrich Terpentinöl mit Aquarellfarbe, so entsteht eine sehr ungewöhnliche Textur. Es lohnt sich, dies einmal auszuprobieren.

1. In dieser kleinen Übung können Sie lernen, das Aquarellieren mit Terpentinöl und das Öffnen heller Stellen mit dem Teppichmesser zu verbinden. Wie bei jeder Arbeit in Aquarelltechnik muß man vor dem Malen eine Skizze anfertigen. Nun wird der Pinsel mit Terpentinöl angefeuchtet, und Sie betupfen den Malgrund an einigen Stellen – darüber malen Sie in dunkler Farbe. Durch das Terpentinöl bekommt das Aquarell eine sehr deutliche Textur.

2. Der bemalte Hintergrund spart die Form der Pflanze genau aus. Für die Blätter nimmt man dunkelgrüne Farbe. An einigen Stellen verwendet man reichlich Terpentinöl, an anderen trägt man es überhaupt nicht auf. In den Bereichen, die man nicht mit Terpentinöl benetzt, wirkt der Farbton viel gesättigter.

▶ 1. Auch wenn man diese Spezialtechniken anwendet, gelten für die Aquarellmalerei weiterhin dieselben Prinzipien: Will man zum Beispiel nicht, daß zwei Töne oder Farben sich mischen, muß man warten, bis die erste Schicht getrocknet ist. Sind die grünen Blätter einmal trocken, kann man die rote Farbe der Blumen in der Mitte malen. Dort verwendet man kein Terpentinöl, man benutzt es aber bei der oberen Blume, in der sich die Farben Ocker, Siena und Rot vermischen.

KOMBINATION VON TECHNIKEN

Spezielle Hilfsmittel brauchen im Bild nicht durchgehend verwendet zu werden. Meist ist es besser, deren Effekte nur punktuell und ganz gezielt in einem Werk einzusetzen. Die Aquarelltechniken müssen vernünftig miteinander kombiniert werden, damit man das Bild nicht mit Effekten überlädt.

2. Wenn das Bild getrocknet ist, erzeugt man mit dem Teppichmesser neue Texturen, um das Weiß des Papiers hervorzuheben. Die länglichen Striche bringen helle Linien hervor. Kratzt man kleine Stellen dicht beieinander auf, so entstehen stark strukturierte weiße Bereiche wie bei der oberen Blume.

3. Hat man schließlich die erforderlichen Kratzer angebracht, kann man wieder mit dunkleren Tönen malen, um die Formen zu betonen oder um Lasuren zu umranden, durch die hindurch man den Grund des Papiers sehen kann.

Schritt für Schritt

Ein Schiff auf dem Meer

In dem Beispiel, das auf den folgenden Seiten behandelt wird, sollen die wichtigsten Techniken der Aquarellmalerei miteinander kombiniert werden: die verdünnte Farbe und der trocken aufgetragene Pinselstrich. In der Übung werden nicht besonders viele Strukturwirkungen erarbeitet, sondern nur die nötigsten, etwa das Kratzen mit dem Teppichmesser oder mit dem hinteren Ende des Pinsels. Das Bild zeigt ein Seestück mit einem Schiff.

MATERIAL

Aquarellfarben (1), Graphitstift (2), Aquarellpapier (3), Aquarellpinsel (4), Teppichmesser (5) und Wasserglas (6).

1. Dieses Thema verlangt keine große zeichnerische Erfahrung, doch muß man sich zumindest darauf verstehen, die Form des Schiffes mit den wichtigsten Linien anzudeuten. Von dieser Vorskizze ausgehend, können Sie mit dem ersten Farbauftrag beginnen.

2. Man trägt eine erste Schicht in transparentem Blau auf den Malgrund auf, wobei man mit dem Pinselstrich die Form des Schiffes ausspart. Es soll noch einmal daran erinnert werden, daß das Weiß beim Aquarell stets dem Ton des Papiers entspricht, weshalb man immer, wenn man diese Farbe erlangen will, einen weißen Bereich unbemalt lassen muß. Mit Dunkelblau beginnt man den Farbton des Meeres zu malen. Ebenso wie beim Weiß des Segels, das man ausgespart hat, verfährt man mit den Glanzlichtern im Meer.

3. Im folgenden Schritt wird die Form des Schiffes durch die vorherrschenden Blautöne ganz ausgespart. Achten Sie darauf, wie die leuchtenden Stellen im Wasser frei gelassen werden. Man malt die dunklen Stellen der Lichtreflexe mit horizontalen Pinselstrichen, an einigen Stellen haben diese Pinselstriche einen ausgesprochen zeichnerischen Charakter.

Die am hellsten leuchtenden Stellen müssen stets weiß bleiben, damit man graue Farbtönungen anbringen kann, die die Schattierungen der weißen Farben beim Modell wiedergeben.

4. Mit einem neuen Blauton macht man den Hintergrund noch dunkler, so daß er sich von der ersten, bereits trockenen Farbschicht abhebt. Man fährt fort, das Meer in dem sehr dunklen Blau zu bearbeiten, mit dem man es zu malen begann. Trägt man neue Schichten über den vorhergehenden auf, so erlangt man einen dunkleren Ton, mit dem sich die Meereswellen darstellen lassen. Warten Sie, bis die Farbe ganz trocken ist, dann malen Sie das Segel, den Schiffsrumpf und den hellen Reflex auf dem Wasser in Grau. Die Boje wird gelb bemalt, ebenso wie der rote Streifen des Schiffsrumpfes.

5. Bevor der Grauton des Segelwerks ganz getrocknet ist, arbeitet man dessen Struktur durch Striche mit dem Pinselende heraus. Mit dem gleichen Grauton, den man für das Schiff verwendete, modelliert man den dunkelsten Teil des Schiffsrumpfes. Ebenso geht man bei den dunklen Stellen des Lichtreflexes auf dem Meer vor. Wenn die Meeresfarbe ganz trocken ist, bemalt man mit ungleichmäßigen waagerechten Pinselstrichen die dunklen Stellen.

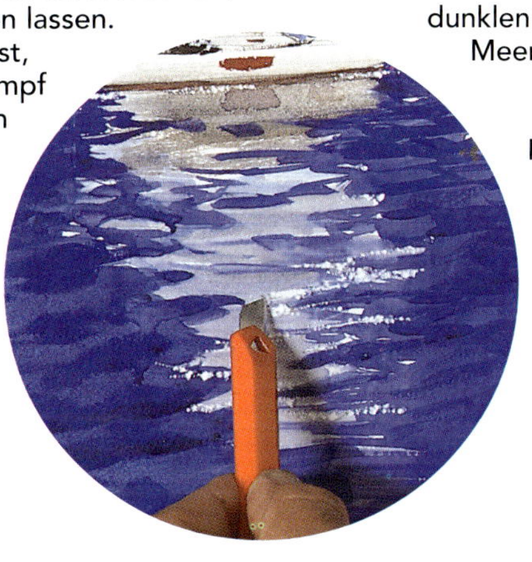

6. Mit dem Teppichmesser beginnt man, die hellen Stellen auf dem Meer zu betonen. Es genügen ein paar kleine Kratzer, die dann wie leuchtende Reflexe wirken.

7. Mit dem Einsatz des Teppichmessers endet die Arbeit an diesem Werk, bei der verschiedene Techniken kombiniert wurden. Sie betrafen die Feuchtigkeit der Farbe auf dem Papier und die Arbeit an der Textur, die mit einem fast trockenen Pinsel und dem Messer vorgenommen wurde. Wir haben gesehen, daß die durch die Kratzer auf dem Papier erzeugten Lichteffekte sehr eindrucksvoll sind. Damit dieser technische Effekt nicht an Wirkung verliert, sollte man ihn aber nicht übertreiben.

Es ist sehr wichtig, auf starkem Papier zu arbeiten – die beschriebenen Effekte lassen sich auf dünnem Papier nicht erreichen.

ZUSAMMENFASSUNG

Die ersten Lasuren müssen die Form des Schiffes vollständig vom Hintergrund abgrenzen.

Das Segelwerk bearbeiten Sie mit dem Pinselende.

Die hellen Reflexe auf dem Meer werden mit Pinselstrichen ausgespart, die die veißen Stellen begrenzen.

Textur, die durch leichte Striche mit dem Messer erzeugt wurde.

10 Modellieren und Valeurs

GLANZZONEN

Um die beleuchteten Stellen auf einem Gegenstand zu erfassen, muß man wissen, wo sich die wichtigste Lichtquelle befindet. Die Strahlen fallen auf das Objekt und modellieren seine Form. Je nach ihrer Intensität bilden sie hellere oder dunklere Licht- und Schattenbereiche.

Die unterschiedlichen Valeurs erreicht man durch das richtige Differenzieren von Tönen, mit denen man bewirkt, daß die Grauwerte wirkungsvoll auf der Oberfläche abgestuft werden. Das Bilden von Valeurs ist nichts anderes als ein Ordnen der Töne, die sich mit einer Farbe erzielen lassen. In den vorhergehenden Kapiteln haben wir die verschiedenen Aquarelltechniken kennengelernt: Wenn sich in einer Tonskala die Abstände zwischen zwei Tönen so sehr vermindern, daß man ihren Unterschied nicht mehr erkennt, erzielt man eine modellierende Wirkung. So läßt sich das Volumen eines Gegenstandes dem Licht entsprechend modellieren, das auf diesen fällt.

▶ 1. Wie immer ist die Vorzeichnung die Grundlage für das Arbeiten mit der Aquarellfarbe. Die Zeichnung soll stets so klar und schlicht wie möglich sein. Die Linien sollen nur die Grundformen des Motivs erfassen. Man zeichnet den Krug und grenzt auch die Form seines Schattens ab. Um die Wirkung des Lichtes aufmerksamer studieren zu können, malt man den Grund in Ocker.

▶ 2. Nun warten Sie, bis der Grund getrocknet ist. Dann malen Sie in einem blauen, mit Ocker gemischten Ton den Schattenbereich des Kruges. Die folgenden Schritte müssen unmittelbar darauf folgen, daß heißt bevor die gerade auf das Papier gebrachte Farbe trocknet.

3. Dann feuchten Sie den Pinsel mit sauberem Wasser an, streichen überflüssige Farbe ab und gehen mit ihm über den Rand des frisch aufgetragenen Strichs. Dann feuchten Sie den Pinsel wieder an, lassen ihn austropfen und streichen erneut über den Rand des abgestuften Bereichs. So erreichen Sie eine Schattierung, die sich der Form perfekt anpaßt. ▼

▶ 1. Wie schon in der letzten Übung haben wir einen Keramikkrug als Motiv gewählt. Das Licht fällt frontal auf ihn, so daß der hellste Punkt dem Betrachter gegenüberliegt. Zeichnen Sie zunächst sorgfältig die Form und radieren Sie unnötige Linien weg. Den ganzen Raum ringsum malen Sie dann in gelblichem Orange, um die Form herauszuarbeiten.

IMMER DUNKEL AUF HELL

Eine grundsätzliche Regel muß man in der Aquarellmalerei stets beachten: Die hellen Farben müssen ausgespart werden, die dunklen begrenzen die Glanzzonen. Ein wichtiger Umstand, den man beachten muß, ist die Tatsache, daß die Farbe Weiß nur durch den Ton des Papiers gegeben ist. In dieser einfachen Übung sollen die Valeurs ausgehend von der Farbe Siena gebildet werden. Beim Abstufen der Töne wird das Weiß eine zentrale Rolle spielen.

▼ 2. Um die vorausgegangene Übung zu variieren, feuchtet man nun den weißen Grund des Kruges an, bevor man dunklere Farbe aufträgt. Man gibt Siena auf den Pinsel und verteilt die Farbe gleichmäßig auf beiden Seiten. Den Schatten am Mundstück des Kruges zieht man mit sehr feinen Pinselstrichen.

3. Bevor die Farbe trocknet, macht man den Pinsel schnell naß und streicht überflüssiges Wasser ab. Dann trägt man einige Pinselstriche auf, die der Form des Kruges folgen. Die Valeurs des Farbtons stufen sich zur Mitte des Kruges hin ab. Die dunkle Farbe bleibt an den Rändern der Form bestehen. Wenn die Farbe schon fast trocken ist, zieht man ein paar Pinselstriche auf der rechten Schattenseite. Die Farbe weicht etwas zurück und schafft so den Eindruck von Volumen. Mit diesem Effekt arbeitet man in der Aquarellmalerei bei allen kugelförmigen Formen. ▼

DAS VERSCHMELZEN VON FARBEN UND TÖNEN

Um das Volumen richtig zu erfassen, muß man die Töne miteinander verschmelzen. Dabei spielt die Feuchtigkeit der Farbe eine entscheidende Rolle. Bitte gedulden Sie sich dabei etwas, damit die über einen anderen Ton gesetzte Farbe durch sanfte Pinselstriche mit diesem verschmelzen kann. In diesem Beispiel malen wir einen Apfel, doch die Technik läßt sich auch auf jeden anderen Gegenstand in jeder anderen Farbe anwenden.

◀ 1. Für diese Übungen zum Modellieren und zu den Valeurs wurden einfache Motive ausgewählt. Im allgemeinen ist es einfacher, einen Gegenstand zu malen, der keine ganz symmetrische Darstellung verlangt, etwa einen Apfel. Nachdem man die Konturen gezeichnet hat, malt man ihn in einer sehr hellen gelblichgrünen Farbe. Die hellste Stelle, die dem Lichtreflex entspricht, spart man wieder aus. Wie schon gezeigt, muß man stets vom hellen zum dunklen Ton gehen, also zuerst eine transparente Farbe auftragen und darüber dann einen dunkleren Ton legen.

▼ 2. Wenn der erste Farbauftrag getrocknet ist, malt man den Schattenbereich in Dunkelgrün. Die Farbe darf nicht auf feuchtem Grund aufgetragen werden, damit sie sich nicht mit dem vorhergehenden Ton mischt. Nur die letzte Farbschicht soll abgestuft werden. Auf dem Bild kann man die Richtung des Pinselstriches erkennen: Zuerst wird die Konturlinie des Schattens gemalt. Der Pinsel zieht sie dann mit geraden, leicht geneigten Strichen nach rechts. Schließlich folgt man mit dem sauberen, nicht zu feuchten Pinsel der rechten Konturlinie des Apfels.

Zum Abtragen von Farbe können Sie jeden Pinsel benutzen, doch ist es immer besser, wenn Sie Pinsel mit großen Köpfen nehmen. Am besten sind stets Marderhaarpinsel.

◀ 3. Die noch feuchte Farbe zieht man nun auf die rechte Seite des Apfels, sie wird auf dem Malgrund allmählich abgestuft. Falls nötig, gibt man etwas mehr Dunkelgrün in die Mitte, jedoch nicht dort, wo der Ton abgestuft wird, weil man sonst keine Valeurs der Farbe bilden kann. Bevor die Farbe ganz trocken ist, geht man mit angefeuchtetem und sauberem Pinsel über die Profillinie des Schattens.

▶ 1. Nachdem man die Form der Zwiebel gezeichnet hat, wird die Farbe auf den trockenen Grund aufgetragen, gleichzeitig legt man auch die größten Helligkeiten fest. Das Weiß wird mit lockeren, langen Pinselstrichen ausgespart. Die Valeurs müssen gebildet werden, solange die Farbe noch feucht ist. Auf die erste sehr helle Farbschicht werden unten ein paar kurze karminrote Pinselstriche aufgetragen. Die Farbe verschwimmt schnell in den Konturen, schafft aber schon etwas Volumen.

VOLUMEN

Auf der vorhergehenden Seite wurde gezeigt, wie wir einen räumlichen Eindruck durch das Modellieren der Valeurs erreichen können. Manchmal reichen die Tonabstufungen nicht aus, um den Bildgegenstand fertig zu bearbeiten. In diesem Fall müssen Sie die bereits gezeigten Techniken kombinieren. Am Anfang steht die Ausarbeitung der Tonwerte und das Aussparen von weißen Stellen, danach wird die Textur auf dem trockenen Grund angebracht.

▶ 2. Man beginnt, die Farbe rechts auf der Zwiebel aufzutragen, läßt die helle Stelle jedoch frei. Der Malgrund muß weiterhin feucht gehalten werden, doch soll die verwendete violette Farbe nicht zu flüssig sein, damit sie ihre Dichte bewahrt. Die Pinselstriche verschmelzen von selbst nur an den Konturen und breiten sich an ihren Rändern auf dem feuchten Grund aus.

▶ 3. Bislang wurde auf feuchtem Papier gearbeitet. Um Textur erzeugen zu können, muß man den Grund trocknen lassen. In violetter Farbe, die aus Siena, etwas Karminrot und Blau gemischt wird, beginnt man die Textur der Zwiebelschale herauszuarbeiten. Den Lichtreflex malt man mit lockeren, langen Pinselstrichen. Im Schattenbereich läßt man die Farbe zum Teil verschmelzen. Schließlich öffnet man mit dem sauberen und leicht feuchten Pinsel die helle Kontur des Schattenbereichs.

Schritt für Schritt

Stilleben mit Früchten

Die Farbe, der Glanz, die hellste Stelle oder die Textur lassen sich variieren, der Prozeß des Modellierens und Schattierens von Formen aber bleibt grundsätzlich gleich. Ob man gelungene Ergebnisse erzielt, hängt vor allem von Fleiß und viel Übung ab. Besonders muß die Dauer des Trocknens jeder Stelle beachtet werden: Hier wurde ein Modell mit einem großen Reichtum an Farben und Strukturen ausgesucht, um unterschiedliche Möglichkeiten der Abstufung von Tonwerten zu erarbeiten.

MATERIAL

Aquarellpapier (1), Aquarellfarben und Palette (2), Aquarellpinsel (3), Wasserglas (4) und Zeichenbrett (5).

1. Man beginnt die Arbeit mit einer knappen Skizze der Formen, die dargestellt werden sollen. Wie man sieht, ist das nicht allzu schwer, doch muß die Zeichnung sehr klar und deutlich sein. Beginnen Sie nicht zu malen, bevor die Zeichnung ganz fertig ist!

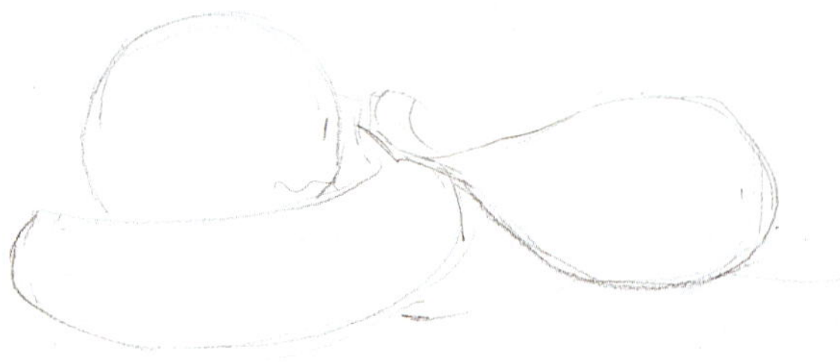

2. Wie schon in den ersten Übungen des Kapitels, bemalen Sie die Fläche des Hintergrundes wieder vollständig, um die wichtigsten Bildgegenstände zu isolieren, so daß deren Form herausgearbeitet und das Weiß des Papiers dort ganz ausgespart wird. Die Farbe, die man für den Grund benutzt, ist ein gebrochener Mischton aus Grün, Siena und Ocker. Um das Leuchten des Weißes hervorzuheben, wird der die Form der Früchte umgebende Ton dunkler als der Rest gemalt. Wenn der Hintergrund getrocknet ist, beginnt man die Orange zu malen. Achten Sie auf den Lichtreflex: Im Schattenbereich ist der Farbton dichter.

Um die Töne und Farben richtig modellieren zu können, muß die Arbeit ausgeführt werden, bevor die Farbe ganz trocken ist.

3. Die Tonwerte der Orange ergeben sich aus der Abstufung von Tönen der gleichen Farbe, wobei man das Volumen stets auf die größte Helligkeit bezieht. Zum Abstufen des Schattens mischt man auf der Palette Hellgrün, Orange und etwas Siena, man malt auf die Orange eine ihrer Form folgende Krümmung. Dort, wo sich der beleuchtete Teil mit dem Schatten trifft, trägt man etwas rötliche Farbe auf. Wenn die Orange getrocknet ist, beginnt man die Banane mit einem langen, leuchtend grünen Pinselstrich zu bemalen.

4. Richten Sie die Aufmerksamkeit auf die farbliche Abstufung. Bevor das zuerst aufgetragene Grün ganz trocken ist, beginnt man in goldgelber Farbe zu malen. Die Richtung des Pinselstrichs folgt der Form der Banane und zieht die grüne Farbe mit sich, bis sie am Rand sanft verschmilzt. Im unteren Bereich stufen Sie die Tonwerte mit etwas Siena und Orange ab. Schließlich gehen Sie mit dem sauberen und feuchten Pinsel über die hellste Stelle, um einen Teil der Farbe abzutragen.

5. Beginnen Sie, die Birne in grünlich getöntem Gelb zu bemalen. Das Glanzlicht der Frucht sparen Sie dabei aus. Der dunklere Bereich wird in gebrannter Umbra gemalt, oben ist der dunkle Ton sehr transparent und verschmilzt fast mit dem Grün.

6. Man nimmt ein wenig kaum verdünntes Dunkelgrün und arbeitet damit die Form der Birne heraus. Der Pinselstrich folgt ihrer Form, wobei er die Schattenfarbe verteilt und mischt. Um den unteren Teil der Birne wirkungsvoller zu modellieren, streicht man mit dem sauberen, ein wenig feuchten Pinsel darüber und erzeugt so die charakteristische Helligkeit. Wenn die Birne getrocknet ist, trägt man als größte Helligkeit die letzte transparente Lasur in grünlicher Umbra auf. Den Schatten auf dem Tischtuch malt man in dunkler gebrannter Umbra.

Der Ton des Papiers bestimmt die Helligkeit der Farbe, sehr dunkle Töne sind kaum transparent, so daß das Licht auf dem Papier nicht reflektiert wird. Diese Töne sollten nur an dunkelsten Stellen benutzt werden.

7. Die drei Früchte wurden bereits vollständig modelliert, doch sind die Kontraste noch nicht deutlich genug herausgearbeitet. Akzentuiert man den Kontrast der Schatten, treten die hellen Stellen deutlicher hervor, und das Volumen wird betont. Die Orange wird nun mit kleinen Pinselstrichen in sehr dichtem Kadmiumorange fertiggemalt, die die Struktur hervorheben. Für den oberen Schattenbereich nimmt man violettfarbenes Rot, je weiter man hinabsteigt, desto mehr gebrannte Umbra verwendet man.

8. Schließen Sie die Arbeit an der Orange ab, indem Sie die dunklen Farben vermischen, die Sie gerade im Hintergrund mit gleichmäßigen Pinselstrichen aufgetragen haben. Den Schatten der Birne bemalen Sie mit gebrannter Umbra, an den Rändern ziehen Sie locker grüne Pinselstriche, bis die Töne sich stimmig einfügen. Im rechten Schattenbereich der Birne ziehen Sie auf dem trockenen Grund wiederholt lange und feuchte Pinselstriche, um eine leichte Helligkeit zu erreichen. Um den Farbton der Banane etwas zu verdunkeln, macht man den unteren Bereich ein wenig feucht, damit sich die Farbe Umbra etwas ausbreitet.

ZUSAMMENFASSUNG

Der Hintergrund wurde zuerst gemalt, um die Form und das Weiß der Früchte abzugrenzen.

Die Helligkeit der Orange wird von Anfang an ausgespart.

Das Grün der Banane mischt sich leicht mit dem gelblichen Ton.

Das Glanzlicht auf der Banane wird mit einem sauberen und feuchten Pinsel erreicht.

Die Kontraste auf der Orange verstärken den Eindruck des Volumens.

Das Grün der Birne wird in zwei Schritten aufgetragen: zuerst der Grundton, dann ein dunkleres Grün, um den Schattenton zu verteilen und zu modellieren.

Auf der Banane malt man die dunkelste Fläche, wenn die vorhergehende Schicht in diesem Bereich getrocknet ist, damit die Farbe des Schattens verschmilzt.

11 Stilleben

VORBEREITEN DES MODELLS

In diesem Kapitel werden Grundbegriffe aus Technik und Praxis des Stillebens vorgestellt. Um ein Stilleben angemessen darzustellen, muß man es vorher möglichst gut aufgebaut haben. Der Aufbau des Stillebens ist Teil seiner Komposition.

Das Stilleben zählt seit jeher zu den beliebtesten Motiven, die sich finden lassen, wenn man mit der Aquarellmalerei beginnt. Es ist sehr wichtig, daß man sich an allen Themen versucht, um so diejenigen kreativen Potentiale zu entwickeln, über die man besonders verfügt. In der Landschaftsmalerei können Sie ganz Ihren Ideen folgen, die für das Stilleben zentralen Fragen außer acht lassen. Proportionen oder die Präzision der Formen zum Beispiel sind in Landschaftsdarstellungen nicht grundlegend wichtig. Beim Stilleben dagegen lassen sich diese Fragen nicht umgehen.

▶ Es empfiehlt sich stets, eine bestimmte Zeit in die Vorbereitung zu investieren. Das ist unumgänglich, wenn man nicht ein beliebig zusammengestelltes Stilleben, sondern eine ansehnliche und attraktive Komposition von Formen und Farben aufbauen möchte.

Das Stilleben zählt für die meisten Maler zu den beliebtesten Themen. Um ein Stilleben auszuarbeiten, muß man das Modell sorgfältig vorbereiten und mit den möglichen Kompositionstechniken experimentieren.

▼

Es gibt viele Hilfsmittel, um Blumen zurechtzumachen: Scheren, Wasserzerstäuber, Draht und synthetischen Kork, in den man den Zweig stecken kann. Auch das Gefäß, in das man die Blumen stellt, ist sehr wichtig, da das Bild zu einem großen Teil von der Gesamtheit der Objekte abhängt, aus denen es zusammengestellt ist. Der Künstler muß das Modell richtig aufgebaut haben, damit es das gewünschte Bild liefert, bevor er mit dem Malen beginnt. Sieht man, daß eine Blume zu schlaff ist, kann man zum Beispiel den Stengel mit feinem Draht umrollen, um die Pflanze aufzurichten und ihr die richtige Form zu geben.

▶ Eine zu gedrängte Anordnung verhindert den Aufbau einer guten Komposition, der Mangel an Raum rückt die Gegenstände zu nah aneinander, so daß sie einen schwerfälligen Eindruck auf den Betrachter machen. Auch der Raum, der alle Bildgegenstände umgibt, ist Teil des Gemäldes. Eine übermäßige Anhäufung von Gegenständen stört die Harmonie unter ihnen.

DAS MODELL FÜR DAS STILLEBEN

Bei der Vorbereitung eines Stillebens muß man ein paar entscheidende Punkte beachten, etwa die Komposition des Modells, von dem man ausgeht. Diese ist ein grundlegendes Problem, das sich immer stellt, wenn man mehr als zwei Dinge abbildet. Nun sollen einige praktische Betrachtungen über die jeweilige Anordnung der verschiedenen Gegenstände beim Stilleben angestellt werden.

▶ Befinden sich die Bildgegenstände in zu großer Entfernung voneinander, zerbricht die kompositorische Einheit des Bildes. Der Abstand zwischen den Bildelementen des Stillebens schafft einen visuellen Rhythmus unter ihnen und hilft, die Grundlinien der Komposition zu errichten. Man muß auf jeden Fall vermeiden, daß die verschiedenen Elemente, aus denen ein Stilleben aufgebaut wird, zu sehr verstreut sind. Weit voneinander entfernte Gegenstände zerbrechen die kompositorische Geschlossenheit des Bildes.

▶ Die Gegenstände richtig zum Malen anzuordnen, ist nicht schwer, verlangt aber Aufmerksamkeit und Kompositionssinn. Wenn Sie die Gegenstände am Ort des Stillebens zusammengestellt haben, müssen Sie zurücktreten, um das Bild als Ganzes zu überblicken. Die erforderlichen Korrekturen am Modell sollten Sie stets von der Stelle aus vornehmen, an der Sie malen. Ein angemessener Aufbau des Stillebens erfordert eine harmonische und gleichmäßige Komposition ohne übermäßige Anhäufungen oder zu weite Entfernungen. Hier eine mögliche Anordnung der Gegenstände.

ARTEN VON STILLEBEN

Motive für Stilleben kann man überall finden, man muß sich nur etwas umsehen, um zu bemerken, daß sich die meisten Gegenstände in unserer Umgebung gut eignen, dargestellt zu werden. Bislang haben wir zahlreiche Stilleben mit klassischen Motiven wie Äpfeln, Flaschen usw. gesehen, aber man muß sich nicht auf diese beschränken. Allerorts, auch wenn man von den alltäglichsten Gegenständen ausgeht, kann man ein Modell finden.

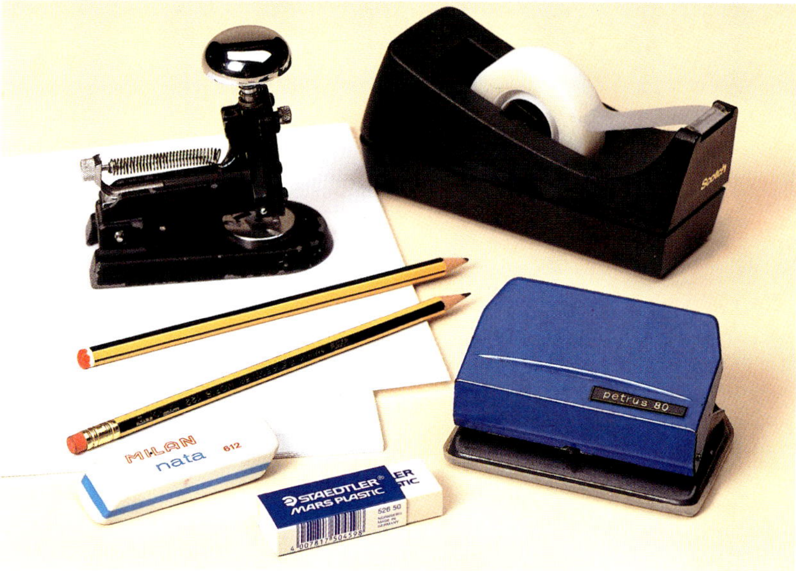

▲ Bevor der Künstler beginnen kann, ein Stilleben zu malen, muß er sein Modell vorbereiten. Er muß die Bildelemente arrangieren, sie sinnvoll zum Stilleben anordnen. Es empfiehlt sich, eine kleine Sammlung von Gegenständen anzulegen, um Material für verschiedene Kompositionen zu haben, sonst wird man immer dieselben Dinge nehmen und sich bei der Arbeit auf sie beschränken.

Ein Blumengeschäft kann ein idealer Ort zum Malen sein. Eine weitere Möglichkeit wäre ein öffentlicher Garten, in dem man ein Blumenbeet als Motiv nehmen kann. Auch ein Foto wie das hier abgebildete ist ein gutes Hilfsmittel für die Arbeit zu Hause oder im Atelier. ▼

ENTWURF UND SKIZZE BEIM AQUARELL

Wie wir gesehen haben, müssen wir beim Malen eine Reihe das Modell betreffender Gesichtspunkte beachten, darunter die Anordnung der verschiedenen Elemente des Stillebens. Wenn man eine angemessene Komposition erreicht hat, kann man beginnen, mit ihr zu arbeiten. Diese kleine Übung soll dem Lernenden das Thema des Stillebens noch näherbringen. Dieses Blumenbild wird Ihnen eine Vorstellung davon vermitteln, daß manchmal auch das kleinste Detail vorbereitet werden muß. Wir studieren die Teile, aus denen es sich zusammensetzt, und malen es so, wie nun gezeigt wird.

▶ *Die für jedes Bild unbedingt notwendige Vorzeichnung geht von einer einfachen Struktur, also lediglich den Grundformen aus. Sie werden allmählich verfeinert und präzisiert, indem man die Striche an den richtigen Stellen auf dem Papier aufträgt. Es ist sehr viel einfacher, ein Bild zu malen, wenn man von einer ordentlichen Struktur ausgeht. Ein schematischer Entwurf macht es einfacher, die Formen mit den Farben zu vervollständigen. Die hellen Stellen der Blumen werden gänzlich durch die dunkleren Töne ausgespart.*

▶ *Beim Malen eines Stillebens muß man stets vom Allgemeinen zum Besonderen und von Hell nach Dunkel voranschreiten. Die allgemeine Skizze nähert sich den kleineren Formen, indem sie sie abgrenzt, ohne in die Details zu gehen. Wenn man das gesamte Bild vollständig entworfen hat, verbessert man die Formen und skizziert die kleineren Stellen konkreter. Man muß stets warten, bis die verschiedenen Schichten getrocknet sind, wenn man nicht will, daß die Farben sich vermischen.*

▶ *Die Farben müssen sehr gleichmäßig aufgetragen werden, stets von Hell nach Dunkel. Die hellsten Töne werden von den dunkelsten Farben umschlossen, so lassen die Formen sich konkretisieren. Schließlich malt man die kleinen Details und die Lasuren, die die hellen Stellen nuancieren.*

BELEUCHTUNG

▲ *Oben können Sie sehen, wie dasselbe Stilleben durch eine andere Lichtquelle völlig verändert wird. Beide Beleuchtungen sind richtig, aber die Ergebnisse unterscheiden sich grundlegend.*

Schritt für Schritt

Stilleben

Dieses Stilleben verfügt über eine Vielfalt an warmen Farben. Man kann aber auch feststellen, daß an ein paar Stellen, etwa auf dem Kürbis oder auf einigen Früchten, kalte Töne dominieren. Sie helfen, das Übermaß an warmen Farben auf dem Gesamtbild auszugleichen. Es wurde ein harmonisches Verhältnis zwischen den Bildelementen angestrebt und dafür gesorgt, daß sie nicht zu nah beieinanderliegen oder zu weit voneinander entfernt sind.

MATERIAL

Tubenfarben (1), Graphitstift (2), Papier mittlerer Körnung (3), Aquarellpinsel (4), Wasserglas (5) und Klebeband (6).

1. Man beginnt mit einer allgemeinen Skizze, ohne doppelte Linien auszuradieren, und achtet darauf, die richtigen Proportionen unter den Bildelementen herzustellen. Dabei zeichnet man auch die Schatten und begrenzt jeden einzelnen, damit man später beim Auftragen der Farbe keine Fehler macht. Zuerst malt man eine große gelbe Fläche. Der Hintergrund wird nicht vollständig bemalt, sondern man läßt die besonders hellen Bereiche weiß. Die Farbe wird nicht überall gleich dick aufgetragen: Weiter unten verdichtet man den Ton, den Rest läßt man sehr viel heller. Das Innere des Kürbisses malt man in einem reinen Orange. Auf seiner linken Seite verdunkelt man den Ton mit etwas Blau.

2. Gemalt wird mit Tönen der warmen Farbskala, man nimmt aber auch Blau- und Grüntöne hinzu, um die Schatten kühler und dunkler zu machen. So färbt man auch die dunklen Stellen außerhalb des Kürbisses. Die Flasche beginnt man in leicht mit Siena gemischtem Dunkelrot zu malen, die Lichtreflexe auf dem Glas bleiben unbemalt. Dieser erste Farbton der Flasche bildet die Grundlage für weitere dunklere Farben.

3. Malen Sie die dunklen Stellen der Flasche, nachdem Sie gebrannte Umbra zur roten Farbe auf der Palette gegeben haben. Die vorangegangene Schicht atmet nun als Helligkeit unter diesem neuen dunklen Ton. Die hellen Stellen läßt man bei diesem neuen Farbauftrag stehen, doch spart man eine neue Stelle aus, durch die das Rot des Grundes atmen kann. Den Kürbis malt man an seinem Einschnitt mit gebogenen Strichen in rötlichen Tönen. Den dunklen Teil schattiert man mit gebrannter Umbra. Die Außenseite bemalt man mit hellgrünen Strichen, die man mit den orangenen Tönen mischt. Eine Pflaume malt man in Karminrot, die andere in stark violett getöntem Dunkelblau.

4. Die übrigen Pflaumen bemalt man in einer Vielzahl von warmen Tönen, die man mit Rot, Karminrot und Gelb erzeugt. Die Schatten malt man, indem man der Mischung etwas gebrannte Umbra hinzufügt, wobei man die hellsten Stellen frei läßt. Auch die dunkleren Früchte werden nun bemalt; man fügt der Mischung mit dem Kobaltblau ein wenig dunkles Karminrot hinzu.

5. Die Mitte des Kürbisses malt man mit lockeren Strichen in roter und brauner Farbe. Die Schatten jedes der Bildelemente auf dem Stilleben variieren in ihrem Ton je nach Farbe des Gegenstandes, der sie wirft: Die der Pflaumen sind violett, die des Kürbisses leicht gräulich.

6. Man schließt die Farbgebung der Pflaumen ab, auf denen Licht und Schatten ihren genauen Platz finden. Die Farben der Früchte werden mit verschiedenen Blautönen abgerundet, die bei der Berührung mit den warmen Farben ins Violette gehen. Malen Sie auch die Schatten, die in ihrem Ton variieren, je nachdem, welche Farben sie umgeben. Der dem Kürbis nächste Schatten ist dunkler als die übrigen Schatten. Der Lichtreflex der Flasche wird durch eine dunkelviolette Farbmischung kontrastiert.

7. Die Außenseite des Kürbisses wird in einem Grün gemalt, das mit etwas Karminrot gemischt ist, wodurch ein olivfarbener Ton entsteht, der mit dem Hellgrün und dem unteren orangefarbenen Bereich in einen deutlichen Kontrast tritt.

8. Beachten Sie aufmerksam die feinen Variationen dieses Schrittes zu den vorhergehenden: Man schließt das Volumen der beiden Pflaumen auf der rechten Seite ab. Obwohl die Kontraste der Schatten auf den Pflaumen kalt sind, erzeugt der aus der Mischung mit Karminrot entstandene violette Ton eine warme Nuance.

9. Nun schließt man das Innere des Kürbisses in warmen Tönen ab, die mit den unterschiedlichen Texturen kontrastieren. Die verwendeten Farbskalen schaffen eine Harmonie unter den Tönen der Komposition. In dieser Übung wurde ein Bild in warmen Farben komponiert, ohne daß man ganz auf grüne und blaue Töne verzichtete.

ZUSAMMENFASSUNG

Auf der Vorzeichnung lassen sich die Bildgegenstände schematisch anordnen und komponieren.

Die dunklen Stellen werden durch übereinandergesetzte blaue und karminrote Töne erreicht.

Die hellen Stellen läßt man von Anfang an frei.

Die Flächen des Kürbisses werden in zwei Tönungen gemalt, einer dunklen und einer hellen.

Die Schatten sind Bestandteil der Komposition dieses Stillebens. Jeder Schatten ist etwas anders nuanciert.

12 Die figürliche Malerei

ZEICHNUNG UND PROPORTIONEN

Die figürliche Malerei ist eine der größten Herausforderungen für den Aquarellmaler. Das Thema verlangt große Genauigkeit, was bereits mit dem Anfertigen der Vorzeichnung beginnt. Obwohl dieses Buch der Aquarellmalerei gewidmet ist, ist es wichtig, sich stets darüber im klaren zu sein, daß das Anfertigen der Vorzeichnung die Grundlage für die Farbe bildet, deshalb sollte man den Malprozeß ständig vorab vor Augen haben.

Wie wir bisher gesehen haben, können alle Elemente der Natur aus anderen, viel einfacheren Teilen zusammengesetzt werden. Betrachten wir zum Beispiel den Aufbau einer Hand. Beim Zeichnen erweist sich die Hand als ein sehr komplexer Körperteil. Wie wir sehen werden, lassen sich allerdings die Proportionen und die grundlegenden Formen mit einer guten Skizze hervorragend darstellen.

▶ *Die Ausgangsskizze dient dem Aufbau der elementarsten und einfachsten Formen. Sie soll mit sehr einfachen Linien skizziert werden und beim Studium der Proportionen und der Umrisse helfen. Um diese Hand zu skizzieren, schauen Sie sich die inneren Flächen, die Krümmung jeder einzelnen Linie und deren Abstände genau an. Eine so einfache Ausgangsskizze bietet den Vorteil, daß die Korrekturen der Formen sehr einfach vorgenommen werden können.*

▶ *Nach dem Anfertigen der Grundskizze sollte die Zeichnung so ausgearbeitet werden, daß sie dem Objekt schon sehr nahekommt. Sie darf jedoch nicht eine Linie aufweisen, die zu einem Irrtum beim Pinseleinsatz führen könnte. Bevor wir mit dem Malen beginnen, muß die Zeichnung komplett fertiggestellt sein. In unserem Fall wird die Hand auf eine sehr unaufwendige, aber effektive Weise zu Ende gemalt: Es genügt, die sie umgebende dunkle Fläche und dann den Zwischenton, der den Fingerknochen Form verleiht, zu malen. Zum Schluß werden die Finger nicht vollständig dargestellt, sondern nur durch ihre dunklen Teile angedeutet.*

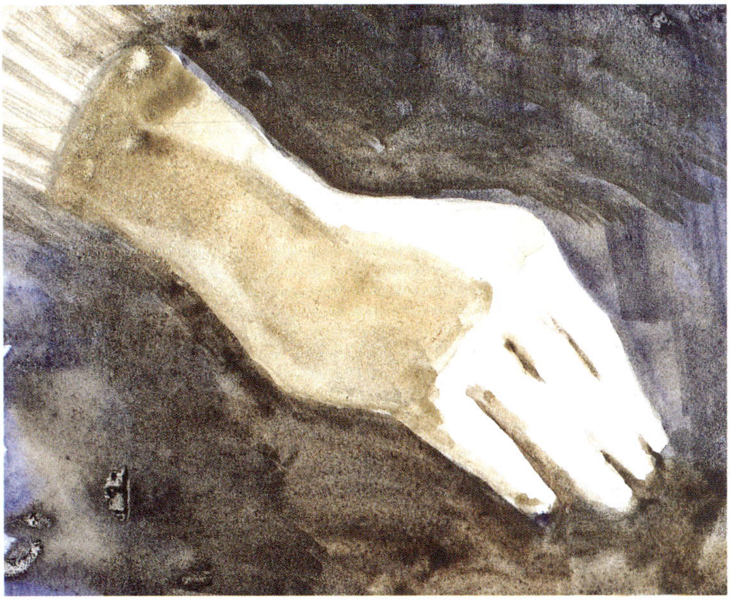

DIE FIGURENSKIZZE

Der Körper soll in knappen Formen skizziert werden, so wie wir es schon im vorigen Kapitel gelernt haben. Aber neben den durch diese geometrischen Formen geschaffenen Möglichkeiten können wir den Körper auch durch ein genaues Studium der inneren Struktur aufbauen. In den Hauptlinien stützt sich die Figur auf einige Achsen und wird, je nach deren Variation, eine völlig andere Pose einnehmen. Diese Achsen basieren auf der Schulter-, der Wirbelsäulen- und der Hüftlinie.

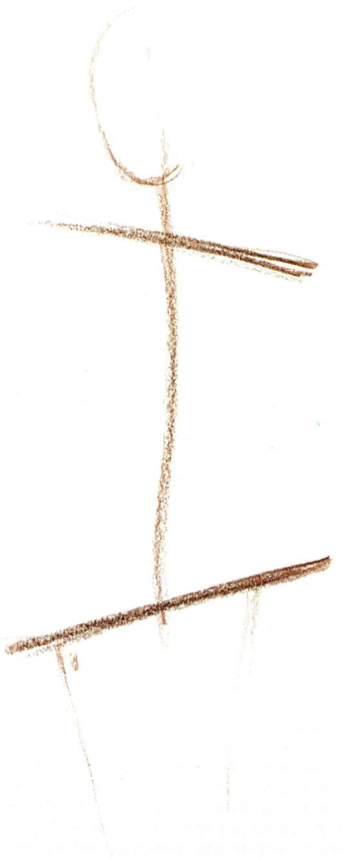

▼ 1. Die obere Linie dient der Festlegung der Schulterhaltung, in ihrer Mitte schließt sich die Wirbelsäule in einer vertikalen Linie an. Die Hüftlinie ist ebenso wie die Schulterlinie leicht geneigt, um den Beinen eine natürliche Pose zu verleihen. Von der Hüftlinie aus skizzieren wir die Beinproportionen mit senkrechten Linien, wobei wir die Flexionspunkte der Glieder festlegen.

▼ 2. Ausgehend von der vorhergehenden Skizze legen wir die Zeichnung des Körpers an. Wie wir feststellen können, erfordert der Figurenaufbau einige Praxis, aber dieses System des auf Achsen basierenden Grundgerüsts ermöglicht das Entwickeln von guten Proportionen und später eine sichere und gut gestaltete Zeichnung.

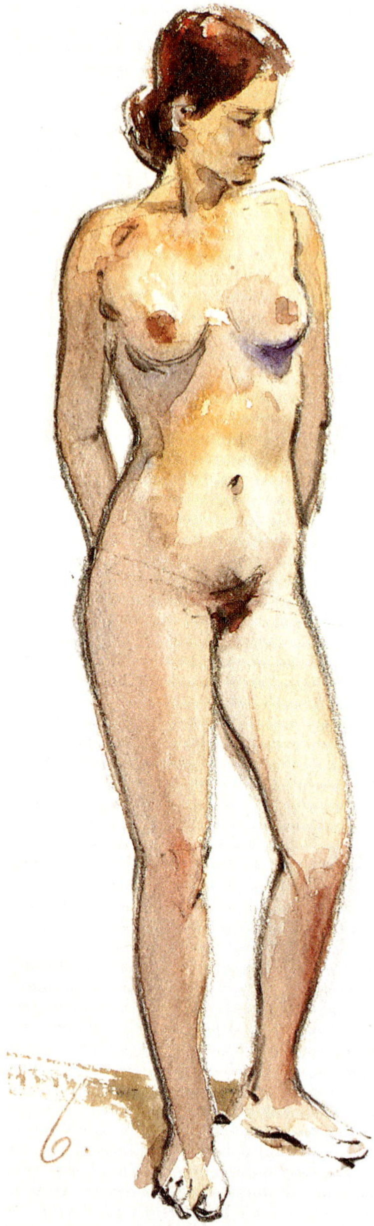

▼ 3. Um sich weiter im Skizzieren von Personen zu üben, versuchen Sie nun, die Innenlinien dieses bereits fertiggestellten Bildes zu finden. Konstruieren Sie zunächst die Schulter- und die Hüftachse, dann die Wirbelsäule, und skizzieren Sie zum Schluß die Arme und die Beine.

DIE RÄUMLICHE DARSTELLUNG VON PERSONEN

Nachdem wir den richtigen figürlichen Aufbau gelernt haben, besteht der nächste Schritt in der richtigen Formgebung auf der Vorzeichnung. Wie bei den meisten mit Aquarell zu malenden Themen, wird auf jeden Körper eine gewisse Lichtmenge projiziert. Das bewirkt, daß sich einige Zonen im Licht und andere im Schatten zeigen. Beim Licht handelt es sich immer um die Bereiche, die von den dunkleren Tönen ausgespart werden. Genau das bringt den räumlichen Effekt hervor. Die dem Licht am meisten ausgesetzten Körperteile müssen von den Schattenzonen hervorgehoben werden. Im folgenden werden zwei Übungen vorgeschlagen.

▶ 1. Nachdem die Körperumrisse und die Zeichnung angelegt sind, beginnen wir mit dem räumlichen Bildaufbau, indem wir die Licht- und Schattenzonen anlegen. Der räumliche Aufbau wird durch die Punkte mit der höchsten Helligkeit bestimmt. In den Schattenzonen entstehen aber auch Zwischentöne. Dazu genügt es, einen Teil der Farbe mit einem sauberen und trockenen Pinsel wegzunehmen, solange das Papier noch feucht ist, oder aber die Stelle mit einem sauberen und feuchten Pinsel zu benetzen, wenn die Farbe vollständig getrocknet ist.

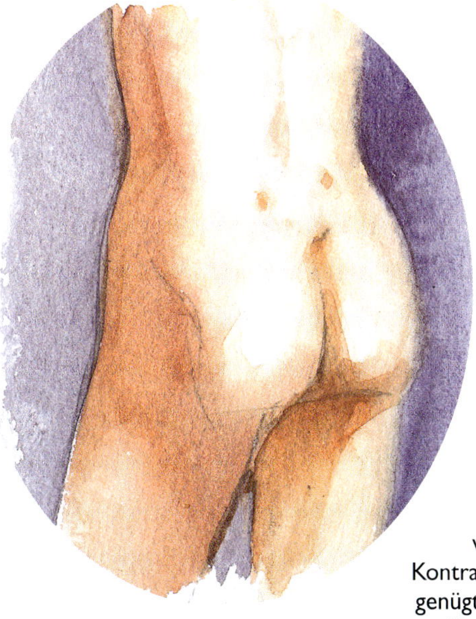

▼ Zunächst muß die Zeichnung so genau wie möglich erstellt werden. Die Schattentöne bauen sich von den dunklen Bereichen her auf, die ihrerseits am intensivsten wirken und die Lichtteile hervorheben. Dann werden der Hintergrund verdunkelt und die Schattenzonen mit den Lichtteilen verschmolzen.

▶ 2. Die räumliche Darstellung wird mit Zwischentönen zu Ende geführt, die einen Teil der dunkleren Töne zur Lichtzone hinüberziehen und sie in Farbabstufungen mit den helleren Teilen verbinden. Um eine vollständige körperliche Kontrastsetzung zu erreichen, genügt es, einen sehr dunklen Hintergrund anzulegen. So werden die Schattentöne besser wahrgenommen, und die helleren Töne gewinnen an Licht.

DIE BILDSYNTHESE

Die Bildsynthese ist das Hauptmittel des Aquarellmalers. Unter Synthese versteht man den Prozeß der Objektdarstellung, bei dem auf die elementarsten Grundteile zurückgegriffen wird. Wer zu malen beginnt, begeht oft den Fehler, das Bild mit zu vielen Details zu überladen. Je mehr Erfahrungen man sammelt, desto mehr wird man von den unnötigen Dingen abkommen. Im folgenden wollen wir den Prozeß der Synthese in der figürlichen Malerei studieren und sehen, wie man den Inhalt eines Bildes durch eine zweckmäßige Anordnung besser ausdrücken kann. Ein guter Maler muß wissen, was wichtig und was überflüssig ist.

▶ *Malen Sie diesen Körper in folgenden Schritten: Zuerst skizzieren Sie die Hauptlinien innerhalb eines Dreiecks, wobei Sie alle anderen Details vernachlässigen. Zeichnen Sie die Linien, die die Schultern und die Wirbelsäule markieren. Wie wir sehen, werden die Finger nicht gezeichnet, und die Beine werden kaum angedeutet; zweifellos ist der Körper trotzdem dargestellt. Mit raschen Tupfern lassen sich die die Lichtzonen hervorhebenden Formen realisieren.*

▶ 1. Die dunklen Körperstellen heben sehr gut die Hauptlichtpunkte hervor und arbeiten dadurch die Körperform heraus. Einerseits integrieren sie sanft den Schatten in die beleuchtete Zone, andererseits eröffnen sie kleine Glanzzonen im Brustbereich. Den höchsten Kontrast erzielen wir dadurch, daß wir die ganze an die beleuchtete Zone angrenzende Seite dunkel malen.

▶ 2. Umfangreiche Einsparungen erlauben es, einen Körper zu zeichnen, obwohl die Details ohne Bedeutung beiseite gelassen werden. An ihrer Stelle stehen die Lichtpunkte und die herausgearbeiteten Schattierungen, die klar Räumlichkeit und Körperfülle bewirken.

Schritt für Schritt
Weibliche Rückenansicht

Bei dieser einfachen Übung haben wir über das uns als Modell dienende Bild eine Grafik gelegt, um das Skizzieren der Hauptflächen zu vereinfachen; die Linien a und b entsprechen den Schulter- und Hüftlinien. Von diesen Linien ausgehend erkennen wir einerseits ein Trapez und andererseits eine dreieckige und eine quadratische Form.

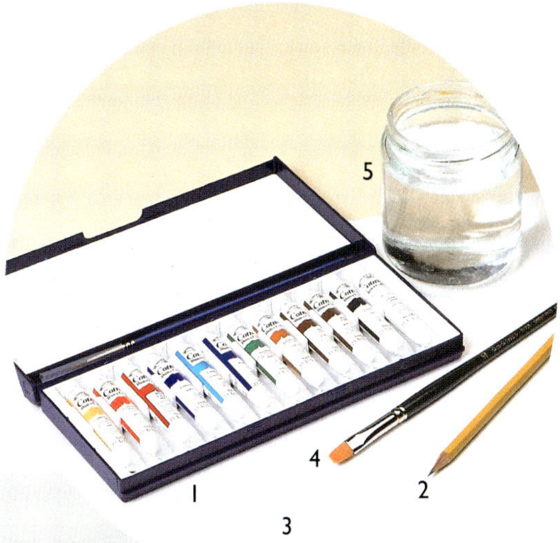

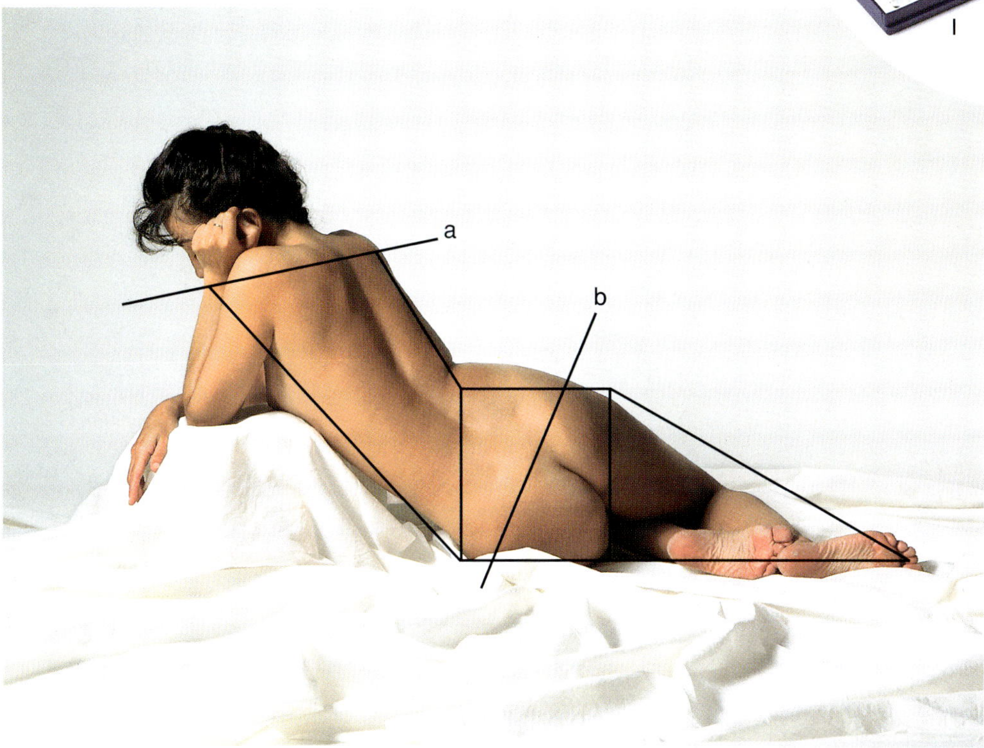

MATERIAL

Tubenfarben (1)
Bleistift (2)
Aquarellpapier (3)
Aquarellpinsel (4)
und Wassergefäß (5).

1. Auf der Grundlage dieser einfachen über das Modell gelegten geometrischen Formen entwerfen wir den Körper: Der Rücken wird von einem trapezförmigen Rahmen eingeschlossen, der Beckenbereich von der Taille bis zur Hüfte und den Füßen von einem rechtwinkligen Dreieck. Ausgehend von diesen Formen ist es einfach, die Grundanatomie des Modells festzulegen. Die Vorzeichnung muß vollständig abgeschlossen sein, bevor wir mit dem Malen beginnen können. Ist sie einmal fertiggestellt, können wir die ersten dunklen Stellen mit einem braungelben Sienaton bemalen.

2. Mit den feuchten und sauberen Pinselhaaren verwischt man die Farbe des Rückens in sanften Abstufungen, wobei der Grat, der die Wirbelsäule darstellt, ausgespart bleibt. Ebenso verfahren wir bei der Schattierung der Beine, die die rundliche Form des Gesäßes hervorhebt und den Schatten der Hüfte umrahmt.

Manchmal ist es schwierig, sich die Wirkung einer Farbe auf einer anderen vorzustellen, besonders wenn es sich um eine Arbeit mit mehreren übereinanderliegenden Lasurfarben handelt. Deshalb bietet es sich an, immer ein Papier, wie das zur eigentlichen Arbeit benutzte, zur Hand zu haben. Darauf können Probemischungen vorgenommen und das Endresultat ausprobiert werden.

3. Die Farbe der Haut erhält man durch eine durchsichtige, orangegelbe Lasur. Auf dem feuchten Papier verläuft der an der Körperseite hinzugefügte Sienaton sogleich und bringt so eine räumliche Wirkung hervor. In der Achselzone fügt man einen schwachen Violetton hinzu. Die Form des Gesäßes wird mit der fast trockenen Farbe herausgearbeitet: Tragen Sie die braungelbe Schattierung mit mehreren Pinselstrichen auf. Dann legen Sie eine sehr durchsichtige gelbgrünliche Lasur darüber, die sich mit den vorhergehenden Farbschichten vermischt.

4. Verstärken Sie den Kontrast im Achselbereich und geben Sie der Haut eine braungelbe und kobaltblaue Schattierung. Die Farbe der Haut ergibt sich aus der Beleuchtung der Körperumgebung. Bereiten Sie eine durchsichtige Aquarell-Lasur von braungelber und blauer Farbschattierung; damit malen Sie den Bilduntergrund ungleichmäßig aus, der bläuliche Ton soll um die Hüften herum stärker sein.

5. Beim Übereinanderlegen von Tönen und Flächen soll die Bildsynthese bzw. -abstraktion im Hauptinteresse des Aquarellmalers liegen. So werden beim Malen der Hand die Finger nicht gezeichnet: Dieser Teil wird von den dunklen, die Lichtzone umgebenden Stellen übernommen. Der Handrücken erhält eine kontrastreiche braungelbe, leicht bläuliche Schattierung. Die Finger werden durch die Haut und den Schatten des Gesichtes bestimmt.

Zum Abschluß kann man mit dem zum Auswaschen des Pinsels benutzten Wasser über das Bild eine generelle Lasur legen. Diese wird häufig angewandt, da die Farbe des Wassers einen matten Ton von großer Transparenz hat. Wenn Sie die Lasur auftragen, müssen die unteren Farben vollständig getrocknet sein, und Sie dürfen nicht zu sehr aufdrücken, um sie nicht aufzuweichen.

6. Zum Malen der Füße erhöht man den Kontrast der Beinschattierung und legt die hellsten Zonen fest: die rechte Wade und die Fußsohlen. Diese werden mit sehr heller Aquarellfarbe von braungelber Schattierung und mit einer Spur Blau gemalt. Diejenigen Teile, die am meisten im Licht liegen, bleiben weiß.

7. Verstärken Sie den Kontrast an den Fußsohlen durch kleine Pinselstriche, die die Helligkeit der Zehen herausarbeiten. Der vorher aufgetragene Ton muß trocken sein, damit die Farben sich nicht vermischen. Befeuchten Sie den Pinsel und drücken Sie ihn dann aus. Betupfen Sie damit vorsichtig den Schatten der Beine, um den dunklen Ton zu intensivieren. Zum Schluß wird das Innere des rechten Beines kontrastiert und die Gesäßrundung angelegt. Die Pinselführung soll die Farben durch das vorsichtige Übereinanderlegen verschmelzen, ohne den Schatten zu zerstören.

ZUSAMMENFASSUNG

Die Finger werden beim Malen der Hand nicht gezeichnet, sie werden durch die Haut und den Gesichtsschatten bestimmt.

Die Farbe des Rückens wird mit den feuchten Pinselborsten in Abstufungen verwischt – dabei bleibt der Grat, der die Wirbelsäule bildet, ausgespart.

Der Körper wird auf der Grundlage von einfachen, über das Modell gelegten, geometrischen Formen entworfen.

Beim Gesäß ist die Pinselführung kurvenförmig und verbindet die Farben, ohne die Schatten zu zerstören.

Die Fußsohlen werden mit einer sehr hellen Aquarellfarbe von braungelber und blauer Tönung gemalt – die Teile, die am meisten im Licht liegen, bleiben weiß.

13 Schnelles Skizzieren

DIE LANDSCHAFTSSKIZZE

Das Anfertigen von Landschaftsskizzen mit Himmel erfreut sich bei Aquarellmalern großer Beliebtheit wegen der Spontaneität, Ungezwungenheit und den Möglichkeiten, das Thema dem eigenen Geschmack und Geschick anzupassen.

Durch die ständige Übung im schnellen Skizzieren lernt man die Aquarelltechniken auf schnelle und intuitive Weise zu vervollkommnen. Beim Entwickeln der Skizzen wird dem Aquarellmaler einiges an Kunstfertigkeit abverlangt, da große Schnelligkeit und Abstraktionsvermögen gefordert werden. Die Details läßt man beiseite, um den Schattierungen und Lichtzonen den Vorrang zu lassen. Skizzen können überall gemacht werden, man braucht dazu lediglich ein Blatt Papier, einen Pinsel und einige Aquarellfarben.

▶ 1. Die Wolken verändern ihre Form in sehr kurzer Zeit, was den Maler zum sehr schnellen Arbeiten zwingt. Mit der Art zu skizzieren, wie wir sie hier vorschlagen, wird man eine große Fertigkeit in der raschen Umsetzung sowohl der Schattierungen als auch im Anlegen von Hellzonen erlangen.

▼ 2. Man zeichnet eine Linie, die den Bereich der Wolken abgrenzt; eine zweite Linie bezeichnet den Horizont. Ausgehend von diesem Schema wird die Form des Weges gezeichnet. Die Wolkenform wird mit Pinsel und sauberem Wasser befeuchtet, der Himmel anschließend blau ausgemalt. Da die Wolken etwas feucht sind, verläuft ein Teil der blauen Farbe auf der Grenzlinie.

▼ 3. Durch das Mischen von Kobaltblau und Siena erhält man ein kaltes Grau, das den Kontrast der Wolken verstärkt. Nun werden die Schattierungen des Horizontes gemalt und der Weg mit einem violetten Rotton versehen. Mit dem sauberen, feuchten Pinsel eröffnet man eine helle Zone im oberen Teil des Weges und dort, wo er an die vordere Landschaft angrenzt. Dunkelgrüne Kontraste beim Gebüsch auf der linken Seite schließen die Skizze ab.

DAS SKIZZIEREN VON STILLEBEN

Die alltäglichsten Objekte können dem Künstler als Vorlage für rasche Skizzen dienen. Das Üben an Haushalts- oder Gartengegenständen bietet dem Aquarellmaler eine unendliche Anzahl von geometrisch perfekt geformten Modellen wie Gefäße, Vasen, Blumentöpfe und andere nicht weniger betrachtenswerte Objekte wie Blumen und Blätter.

▶ 1. Jeder Haushaltsgegenstand kann zur Anfertigung einer raschen Skizze dienen, dennoch ist es angebracht, bei der Auswahl wählerisch zu sein. Wir schlagen hier das Skizzieren eines Stillebens vor. Besondere Aufmerksamkeit sollten Sie den Glanzzonen und den Kontrasten zwischen den Objekten schenken.

▼ 2. Das Linienschema wird mit wenigen Strichen ausgeführt. Zunächst malen Sie die Vase mit einer transparenten braungelben und einer leicht bläulichen Aquarellfarbe. Dann schattieren Sie mit dem flachen Pinsel die Vasenfläche und arbeiten den Blumentopf heraus. Über diesen hellen Ton wird ein etwas dunklerer gelegt, wobei die Glanzflächen frei bleiben. Mit einem grünlichen und einem gräulichen Ton malen Sie schließlich die Schattenflächen des Blumentopfes.

▼ 3. Der Blumentopf wird mit dem vorher verwendeten Grün zu Ende gebracht. Das Auftragen der Farbe auf den vorherigen Ton bewirkt einen dunklen Schnitt. Mit dem sauberen und feuchten Pinsel bringt man die Farbe an der linken Schattenseite mit senkrechten Zickzackstrichen zum Verlaufen. Mit demselben Ton, mit dem die Vase gemalt wurde, umreißt man nun die Form auf der linken Seite. Die Blätter werden mit zahlreichen übereinandergelegten Tönen gemalt. Die dunkelsten trägt man auf, nachdem die hellsten getrocknet sind.

SKIZZIEREN VON PERSONEN

Das Skizzieren von Personen ist effektvoller als ein Stilleben, erfordert jedoch mehr Hilfsmethoden bei der Schattierung und der Farbgebung. Das Porträt verlangt nicht nur große Aufmerksamkeit bei der Umsetzung der Formen zur Wahrung der Proportionen, es sollte auch großes Augenmerk auf das Herausarbeiten der Hautzonen und der Kleidung gelegt werden. Schauen Sie sich aufmerksam an, wie einfach die das Licht aufgreifenden Schattierungen gesetzt werden.

▶ 1. Die Straße ist der beste Ort zum Anfertigen von schnellen Bewegungsskizzen. Besondere Aufmerksamkeit ist der Haltung von Beinen und Armen zu widmen. Es empfiehlt sich immer, die Skizze nach lebenden Objekten anzufertigen, obwohl man sie auch nach Fotografien malen kann.

▶ 2. Während der kurzen Zeit, in der man die zu skizzierende Person beobachtet, zeichnet man einen schnellen Bleistiftentwurf zu den Hauptlinien. Befindet sich das Modell in Bewegung, kommt der Vorzeichnung eine fundamentale Bedeutung zu. Beim Betrachten dieser gerade angefangenen Skizze stellen wir fest, daß das Hauptinteresse auf der Kopfform, der Biegung des Rückens und den Flexionspunkten von Beinen und Fußsohlen liegt.

▶ 3. Die Hose wird mit dem dunkelblauen Ton fertiggestellt, der schon für ihre dunklen Bereiche verwendet wurde. Mit der braungelben Ausgangsschattierung wird der dunkle obere Haarbereich gemalt, mit einem Orangeton vermischt der untere. Den Rucksack malen wir in einem durchsichtigen Rotton, den Schatten mit der gleichen, etwas intensiveren Farbe. Zum Schluß werden Augen, Mund und grauer Bereich des T-Shirts markiert.

SKIZZIEREN DER VEGETATION

Wie wir zu Beginn dieses Kapitels gesehen haben, lassen sich Naturskizzen grundsätzlich freier gestalten als die anspruchsvolleren Themen Stilleben oder figürliche Malerei. Die Skizze wird dabei dem momentanen Interesse angepaßt, da das Modell manchmal nicht genau unseren Vorstellungen entspricht.

▶ 1. Beim Betrachten des hier dargestellten Waldgebietes könnte man denken, es handle sich um ein sehr komplexes Thema. Wir sollten unseren Blick schulen und die generelle Wirkung des Bildes mit einem einzigen Blick erfassen. Es läßt sich ein sehr symmetrischer Bildaufbau erkennen, mit einer Brücke, die den Bildausschnitt in der Mitte teilt.

▶ 2. Hier werden nur die Linien gezeichnet, die den Brückenbogen und den durch die Gräser fast verdeckten Flußlauf festlegen. Mit einer weiten, ungleichmäßig mit Grün und Ocker vermischten Gelbfläche bedecken wir die gesamte Bildoberfläche mit Ausnahme des unterhalb des Bogens befindlichen Teils. Die obere Schattenzone malen wir mit einem sehr hellen Grün. Mit transparentem Dunkelgrün werden die Bäume im oberen Teil schattiert, die Stämme auf der rechten Seite mit einer gelbbraunen Schattierung versehen. Die Brücke deutet ein braungelber Sienaton an. Den Bereich unter dem Brückenbogen füllen wir mit einem deckenden Dunkelgrün aus.

▼ 3. Nachdem die Schattierungen festgelegt sind, werden die Kontraste gesetzt, die den Boden und die Gräser zur Wirkung bringen. Mit raschen, dunkelgrünen Pinselstrichen werden die Bäume im Hintergrund gemalt. Zum Schluß malen wir das Gras mit trübem Grün, Dunkelgrün und Hellgrün.

Schritt für Schritt

Skizzieren von Personen

Die folgende Übung ist für den Aquarellmaler besonders interessant, da es sich hier nicht nur um eine Beispielübung handelt. Es geht darum zu zeigen, was eine schnelle und spontane Skizze ausmacht.

Der Aquarellmaler muß jedes Motiv auf seine Art reflektieren. Wir haben für die schnelle Skizze eine bekleidete Person ausgewählt, die Pose bringt keine größeren Schwierigkeiten mit sich. Größere Aufmerksamkeit erfordern aber die erste Strukturierung des Körpers und die Gestaltung der Lichtzonen.

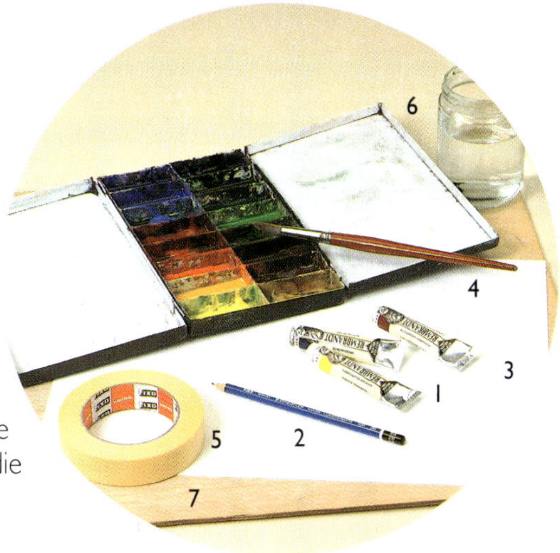

MATERIAL

Tubenfarben (1), Bleistift (2), Papier einer durchschnittlichen Grammatur (3), Aquarellpinsel (4), Klebeband (5), Wassergefäß (6) und Unterlage (7).

1. Bevor Sie mit dem Zeichnen beginnen, sollten Sie versuchen, die inneren Formen des Körpers sowie den Zusammenhang zwischen den Proportionen eines jeden anatomischen Teils und der räumlichen Wirkung der Kleidungsstücke zu erfassen.

2. Im letzten Kapitel haben wir verschiedene Prozesse des Skizzierens studieren und sehen können, wie die Zusammensetzung der Formen aus einer kleinstmöglichen Anzahl von Elementen zur Entwicklung von komplexen Formen führt. Den linken Teil des Gesichts malen wir mit einem wässrigeren Ton: Das ist ein Bereich von größerer Komplexität. Wir schattieren die Farbe der Haut mit Rot und Blau, um einen violetten Ton zu erhalten, wobei die Lichtbereiche offengehalten werden, und wir vervollständigen sie mit einem gelbbraunen Siena. Die Haut wird mit einem gelblichen, sehr lebhaften Orange gemalt, die Lichtflächen bleiben weiß. Für den erhobenen Arm verwenden wir eine intensive Farbe. Nach dem Trocknen malen wir die Schattenzonen des Gesichts mit Siena.

3. Der Körper wird in schnellen Schattierungen entworfen. Beobachten Sie die bestehenden Proportionen zwischen den verschiedenen Körperteilen, und sehen Sie, wie die Hauptlinien untereinander verbunden sind. Es wird kein einziges Detail gezeichnet, und auf der Schattierung werden die Linien nachgezogen, die dem Körper Volumen verleihen. Nachdem die Zeichnung fertiggestellt ist, kann mit der Farbgebung begonnen werden. In diesem Fall wählen wir eine Farbfolge, die ein kontinuierliches Arbeiten an den verschiedenen Körperteilen erlaubt. Der herunterhängende Arm wird mit einem sehr transparenten Ton gemalt.

4. Die Lippen werden mit lebhaftem Rot gemalt, die Weste und der im Licht liegende Teil der Mütze rasch schattiert. Für das hintere Bein verwendet man ein violettes Blau und nimmt die Farbe im Bereich des Oberschenkels etwas weg, um ihm Volumen zu geben. Das weiter vorn stehende Bein wird mit dem gleichen Ton wie das andere – aber sehr viel transparenter – gemalt.

5. In diesem Ausschnitt wird die Entstehung der Skizze am Gesicht und einem Teil des Oberkörpers veranschaulicht. Es handelt sich um eine schnelle Arbeit. Die wenigen Bildausschmückungen werden mit dunklen Farbtupfern gesetzt, die die Untergrundfarbe als schematischen Teil so belassen, wie sie ist.

Beim Anlegen der Falten und Lichtbereiche der Kleidung muß vorsichtig gearbeitet werden. Sie zeigen die Flexionspunkte der Schultern und Knie an.

6. Nachdem die Hauptschattierungen, die die Körperflächen markieren, gesetzt sind, kann mit dem Herausarbeiten der Formkontraste und der Räumlichkeit durch Schatten begonnen werden. Es werden nicht die Farben der Skizze an sich herausgearbeitet, sondern die verschiedenen Tonwerte auf dem trockenen Untergrund. Über jeden Grundton wird ein Ton der gleichen Farbskala gelegt, um Volumen zu schaffen. Der die Mütze haltende Arm wird mit einem Pinselstrich Sienafarbe zu Ende geführt, was eine Schattenwirkung erzeugt. Auf das dunklere Bein werden Schatten gesetzt und die Falten der Hose mit blauen Strichen gezogen.

7. Auf die gleiche Weise wie am linken werden jetzt die Falten am rechten Hosenbein gemalt. Das anfänglich eingesetzte Blau dient als Grundlage für den nun benutzten dunkleren Ton. Der Ton auf dem linken Bein hat eine deutliche Tendenz ins Violette. Schließlich wird das rechte Bein mit einem sehr viel reineren Blau von großer Helligkeit gemalt, die Schuhe, auf denen die Glanzpunkte offenbleiben, mit Schwarz.

8. Ein Teil der orangenen Farbe wird am Daumen weggenommen und eine neue, sehr transparente Lasur der gleichen Farbe auf den Arm aufgetragen. Nun bleibt nur noch der auf den Fußboden projizierte Schatten zu malen. Wir konnten sehen, wie wichtig es ist, das Trocknen abzuwarten (selbst beim schnellen Arbeiten, damit Töne übereinandergelegt werden können, ohne daß sie sich vermischen), und wie die Farbstruktur, die hellsten Glanzstellen aussparend, die Wirkung der Grundzeichnung verstärkt.

ZUSAMMENFASSUNG

Die Gesichtszüge sind sehr schematisch, legen aber jeden Bereich genau fest.

Die Bluse bleibt in ihren hellsten Bereichen weiß.

Die Farbe der Weste wird in zwei Etappen umgesetzt, zunächst der Untergrund, dann die dunklen Schattierungen.

Im Gesicht werden die Farbtöne um die offengelassenen Lichtpunkte gesetzt.

Der Anfangsentwurf wird rasch und knapp mit Bleistift ausgeführt.

Die Hose wird in mehreren Etappen, die Falten werden zuletzt gemalt.

THEMA

14 Techniken der Landschaftsmalerei

TROCKENE UND NASSE AQUARELLMALEREI

Bäume können sehr verschiedene Formen haben, lassen sich jedoch leicht mit einer Kombination von Schattierungen darstellen. Das Aquarell muß immer vom Hellen zum Dunklen gemalt werden. Auf die Skizze wird im Baumbereich zunächst eine helle, grüne Aquarellfarbe aufgetragen, dann werden Kontraste gesetzt.

Auf feuchtem Untergrund verteilt sich die Farbe, während die Pinselstriche auf trockenem Grund kontrolliert gesetzt werden können. Beide Techniken erleichtern das Ausarbeiten von Landschaftsbildern, am wichtigsten ist jedoch, jede Technik im richtigen Moment einzusetzen. Wenn man beide Techniken geschickt verbindet, wird man interessante Landschaftsdarstellungen wie Bäume und Spiegelungen erreichen oder kann eine bestimmte Grundstimmung in der Zeichnung gut ausdrücken.

▼ *Nachdem wir den Pinsel mit Wasser gut befeuchtet haben, nehmen wir mit der Pinselspitze ein wenig Farbe von der Palette auf und streichen den Pinsel aus, damit er das Wasser abgibt. Wir bewegen die Farbe im Wasser hin und her, damit sie sich auflöst und eine gleichmäßige Mischung entsteht.*

▼ *Der Pinsel wird ausgedrückt, um den Überschuß an Feuchtigkeit abzugeben. Dann werden die Baumkronen mit der aufgenommenen Aquarellfarbe schattiert. Die Pinselführung sollte gleichmäßig sein und den gesamten Bereich abdecken.*

▼ *Nachdem die hellere Baumschattierung fast vollständig getrocknet ist, wird der Mittelbereich mit einer etwas dunkleren Farbe schattiert. Man wartet das vollständige Trocknen der Farbe ab und setzt die dunkelsten Pinselstriche, die den Schattenteil bilden.*

▶ *Eine weiter entfernt liegende Baumreihe wird auf ähnliche Weise gemalt. Die ersten Farbschattierungen müssen einheitlich sein. Die mittleren Töne erlauben das Isolieren von Lichtpunkten. Zum Schluß malt man die Schattenteile mit dunkleren Pinselstrichen auf den trockenen Grund.*

BÄUME IN DER ENTFERNUNG

Im allgemeinen wird der Landschaftshintergrund wie Himmel oder Wasser auf feuchtem Papier gemalt. Auf dem nassen Papier lassen sich Tonabstufungen und Farbverläufe erarbeiten, die die Helligkeit und die Atmosphäre der Landschaft wiedergeben. Nachdem der Grundton getrocknet ist, können Bäume gemalt und verschiedene Effekte, zum Beispiel Spiegelungen, realisiert werden.

▶ 1. Zuerst muß das Papier mit Klebeband auf der zum Malen dienenden Unterlage befestigt werden. Wird es naß, kann es sich leicht verbiegen. Wird es an allen vier Ecken gehalten, bleibt es glatt und fest. Das Papier wird mit einem Schwamm naß gemacht. So verhindern wir das Entstehen von Wasseransammlungen auf der Oberfläche. Auf dem feuchten Papier tragen wir von oben nach unten blaue Aquarellfarbe auf. Die Farbschattierung wird mit Pinselstrichen von oben über das gesamte Papier gelegt, nach unten hin wird immer weniger Farbe verwendet.

▶ 2. Wir müssen aufpassen, daß der Grund nicht zu dunkel wird, da sonst Transparenz und Helligkeit des Papiers verlorengehen. Die Bereiche, die einen Lichtpunkt oder eine hellere Farbe beinhalten sollen, werden nicht ausgemalt. Auf den trockenen Untergrund trägt man eine dunkle Tönung auf. Wir drehen die Holzunterlage, um das Malen mit horizontalen Strichen zu erleichtern. Da wir auf der senkrechten Unterlage malen, wird die Aquarellfarbe nach unten laufen. Um das Weglaufen zu vermeiden, wird mit dem Pinsel der Wasserüberschuß aufgenommen und verteilt.

3. Auf einem trockenen Grund kann mit großer Präzision gearbeitet werden. Man nimmt mit dem Pinsel Aquarellfarbe auf; sie kann wässrig oder auch intensiver sein. Es können neue Schattierungen gesetzt oder die Bäume gemalt werden. Eine einfache Lösung für den Vordergrund ist die folgende: Vor den Hintergrund setzt man einige, mit wenigen Strichen ausgeführte Zweige und zeichnet die Blätter mit kleinen freien Pinselstrichen. ▼

DIE WEISSE FARBE DES HIMMELS

Wie wir schon gelernt haben, ist die Aquarellfarbe sehr transparent, so daß das Weiß des Papiers durch die Farbe durchscheint. Die Wolken treten am Himmel durch ihr Weiß hervor. Das kann auf unterschiedliche Art und Weise erreicht werden; wichtig ist, die von der Wolke belegte Fläche weiß zu lassen.

▼ 1. Wenn man Weißtöne unterschiedlicher Intensität erhalten möchte, reicht es vollkommen aus, eine fast durchsichtige Aquarellfarbe einzusetzen und die hellsten Bereiche frei zu lassen. Um eine weiße Farbtönung zu erhalten, ohne daß Farbansätze beim Auftragen entstehen, muß der Untergrund mit einem Schwamm oder einem gut ausgedrückten Breitpinsel befeuchtet werden. In den nicht befeuchteten Bereichen wird die Farbe des Papiers erhalten bleiben. Man stellt eine Ockerfarbe her und verteilt diese auf dem gesamten Papier. Die Farbe muß sehr transparent sein, gerade richtig, um die weiße Farbe leicht zu verändern.

▼ 2. Auf die getrocknete Hintergrundfarbe kann der Himmel gemalt werden, da die blaue Farbe dunkler ist als die zuerst verwendete Aquarellfarbe. Die Bereiche, die dichte Wolken aufnehmen sollen, werden freigelassen. Das Blau des Himmels kann gleichmäßig aufgetragen werden.

Die Nässe läßt sich leichter mit einem Pinsel aus dichten Naturborsten aufsaugen, der das Wasser sehr gut zurückhält. Zum Wegnehmen der Farbe an bestimmten Punkten oder zum Ausführen von feinen, weißen Linien kann ein mittlerer Pinsel aus Marderhaaren benutzt werden. Er hat eine feine Spitze und Haare, die die Wasseraufnahme erleichtern.

◀ 3. Außer auf den freigelassenen Stellen, wird ein Teil der feuchten Farbe mit einem sauberen und trockenen Pinsel weggenommen. Je öfter man mit dem Pinsel über die Oberfläche geht, um so mehr Farbe kann weggenommen werden. Vor jedem neuen Pinseleinsatz muß dieser ausgewaschen und in einem Lappen ausgedrückt werden. Nachdem die Weißbereiche auf dem Papier geöffnet wurden, geht man wieder an das Herausarbeiten der Wolkenformen mit blauer Aquarellfarbe. Auf dem Untergrund können neue Wolken freigelegt werden. Diese Wolken bleiben immer verschwommener als die mit dem Pinsel herausgearbeiteten.

WASSERSPIEGELUNGEN

Wenn man ein gutes Ergebnis erreichen möchte, muß man sich bewußt machen, daß die mit Aquarellfarbe gemalten Wasserreflexe grundlegend von zwei Dingen abhängen: vom Bildhintergrund und von der dunklen, für die Reflexe benutzten Farbe. Wir haben bereits gesehen, wie man eine Abstufung vornehmen kann. Es wird sich als wichtig erweisen, als Grundlage für den Wasserreflex vorher eine Abstufung vorzunehmen. Die Glanzstellen müssen auf dem völlig trockenen Untergrund gestaltet werden, damit die Farbe nicht verläuft.

▼ 1. Im Verlauf dieses Kapitels haben wir die meisten der zum Malen einer Flußlandschaft notwendigen Mittel studieren können: Abstufungen des Untergrunds, Bäume und Vegetation in der Entfernung und die Umsetzung des Himmels. Der Wasserbereich muß immer etwas dunkler gehalten werden als der des Himmels. Die Pinselstriche müssen langgezogen und gleichmäßig sein, damit keine Farbansätze beim Auftragen entstehen.

▶ 2. Nachdem die Bäume und das Ufer gemalt sind, zieht man im Wasserbereich einige horizontale Pinselstriche von der Farbe der Baumgruppe. Im nahen Uferbereich ist die Farbe sehr viel dunkler und dichter. Mit der etwas dunkleren Baumfarbe schattieren wir die Glanzzone. Dort, wo das Spiegelbild abnimmt, wird mit zickzackförmigen, dünneren Pinselstrichen gemalt.

▶ 3. Zum Schluß werden die Kontraste des Spiegelbildes schattiert. Diese Pinselstriche sind dunkler als der Anfangston und werden nach dem vollständigen Trocknen des Untergrundes gezogen. Zwischen den dunkelsten Strichen wird Platz gelassen, damit die Farbe des Grundes atmen kann.

Wenn man das Papier mit den Fingern berührt oder einen fettigen Radiergummi benutzt, kann es fleckig werden. Auf einer fettigen Oberfläche greift die Aquarellfarbe nicht. Zur Lösung dieses Problems bestäubt man das Papier mit Talgpulver. Nach dem Entfernen können wir dann sicher sein, daß die Farbe sich gut verteilt.

Landschaft mit Wasserspiegelungen

Um ein hohes Niveau als Landschaftsmaler zu erlangen, braucht man jahrelange Praxis. Dennoch ist es mit einigen Grundkenntnissen möglich, durchaus akzeptable Bilder zu schaffen. In der schrittweise ausgeführten Übung, die wir im folgenden vorschlagen, haben wir eine Landschaft ausgewählt, die auf den ersten Blick komplex erscheinen mag, es aber in Wirklichkeit gar nicht ist; alle eingesetzten technischen Mittel werden im Laufe des Kapitels ausführlich erläutert.

MATERIAL

Aquarellfarben in Tuben (1), Mischkasten (2), Aquarellpapier von mittlerer Stärke (3), Aquarellpinsel (4), Breitpinsel (5), Bleistift (6), Lappen (7), Klebeband (8), Unterlage zum Befestigen des Papiers (9), Wassergefäß (10).

1. Die Hauptformen werden mit sehr sauberen Strichen gezeichnet. Zuerst zieht man die Linie, die die Grenze zwischen Wasser und Vegetation festlegt. Auf dieser Linie werden die Hauptumrisse der Bäume angelegt. Auf der Wasserfläche zeichnet man die gleiche, aber umgekehrte Form, als wenn es sich um einen Spiegel handeln würde. Auf der linken Seite wird die Grundform für die Vegetation knapp skizziert.

2. Wie wir im theoretischen Teil gesehen haben, wird der Untergrund auf der Grundlage von Abstufungen und Verläufen mit langen und horizontalen Pinselstrichen erstellt. Zunächst muß das Papier befeuchtet werden. Der unter dem Himmel liegende Teil wird mit einer gelblichen, sehr hellen Tönung gemalt. Vor dem Abtrocknen legt man im oberen Bereich eine blaue Abstufung an. Im Mittelbereich kommt ein etwas dunklerer Blauton zum Einsatz. Der unterste Teil wird mit einer Mischung aus Ocker, Siena und Grün ausgeführt.

Beim Arbeiten mit Techniken, die die Trocken- und Naßmalerei kombinieren, kann man einen Handtrockner einsetzen, um das Wasser schnell zum Verdunsten zu bringen. Der Trockner soll nicht zu nah an das Papier herangeführt werden, da sich sonst Wasserlinien aus den angesammelten Tropfen bilden können.

3. Wenn der Untergrund vollständig getrocknet ist, können wir sicher sein, daß sich die darauf aufgetragenen Farben nicht vermischen. Wie wir zu Beginn des Kapitels gesehen haben, werden die Bäume in mehreren Phasen gemalt. Zuerst tragen wir für den Baumuntergrund eine helle Aquarellfarbe gleichmäßig auf. Danach werden einige Bereiche mit einem Zwischenton in senkrechten Pinselstrichen schattiert. Zum Schluß legt man die dunkelsten Zonen über die trockene Farbe. Mit einem Ocker, daß mit etwas Hellgrün vermischt wurde, und in einer breiten Pinselführung malt man die trockene Weidefläche am Ufer. Auf diese Linie wird ein breiter Strich in Orange gelegt.

4. Unter Beachtung der im technischen Teil erläuterten Vorgehensweise wird nun der Wasserreflex gemalt. Die zuerst aufgetragene Aquarellfarbe zeigt eine sanfte Abstufung gegenüber dem Weiß des Papiers, die mit dem hellsten Teil des Ufers übereinstimmt. Vom Ufer aus tragen wir in weiten Pinselstrichen ein trübes, sehr dunkles Grün auf. Im oberen Glanzbereich berühren sich diese Pinselstriche fast. In dem Maße, wie auf dem Papier nach unten gegangen wird, werden die Striche feiner und mit weiteren Zwischenräumen ausgeführt.

5. Auf der rechten Seite des Spiegelbildes wird die dunkelste Tönung gemalt, die hellsten Grüntöne liegen auf der linken Seite. In diesem Bereich vermischt man das verwendete trübe Grün mit einem hellen Grün. Mit dem Pinsel wird mehrmals über den dunkelsten Farbteil gegangen. Auf diese Weise erreichen wir ein Vermischen der beiden Töne, obwohl der erste Ton bereits trocken ist. Nachdem der Lichtbereich des Wasserreflexes gemalt ist, werden die Linien im unteren Teil mit einem etwas dunkleren Ton gezogen. Beachten Sie, daß der beleuchtete Teil des Spiegelbildes mit dem beleuchteten Teil der Bäume übereinstimmt.

6. Auf die grüne Farbe der Bäume werden neue Pinselstriche gesetzt, die deren Form erkennen lassen. Die erste Baumreihe auf der linken Seite wird mit Blau, die Bäume im Hintergrund werden mit senkrechten, dunkelgrünen Strichen gemalt. Dann beendet man den Hauptteil des Wasserreflexes mit dem hellen Ton des Baumbereiches. Einmal trocken, malt man das Bild der Baumreihe im Hintergrund mit einem dunklen Grün und in horizontalen Strichen. Auf das Blau des Himmels werden schließlich sehr freie – die Zweige darstellende – Striche aufgetragen.

Die Größe des Spiegelbildes muß der Größe der Bäume entsprechen, die es werfen, da sie sich direkt am Wasserrand befinden. Wenn sie weiter entfernt wären, müßte das Spiegelbild kleiner sein.

7. Im linken Teil der Vegetation malt man senkrechte Schattierungen mit einer gelben, leicht orangefarbenen und mit etwas Grün versetzten Farbe. Der Baum auf der rechten Bildseite wird mit einem hellen Grün gemalt. Um ihn herum legt man einige dunkle Schattierungen, die dem Hintergrund Tiefe verleihen. Im Uferbereich wird ebenfalls ein Streifen von dunkler Tönung angelegt, der als Trennlinie zwischen Vegetation und Wasser dient. Das Spiegelbild des Bäumchens wird mit der gleichen Farbe gemalt.

8. Mit mehreren Strichen vollenden wir die Spiegelung auf der linken Seite. Die Farben setzen sich aus Grün- und Blautönen zusammen, löschen jedoch nicht vollständig die ersten, helleren, gelblichen Farbtöne aus. Die Vegetation im gleichen Bereich wird mit Strichen gemalt, die fast vollständig den Untergrund bedecken. Zum Schluß setzt man im unteren Wasserbereich mehrere weite Pinselstriche in blauer Farbe, die auf dem braungrauen Untergrund verläuft.

ZUSAMMENFASSUNG

Die mittleren Baumtöne wechseln sich mit sehr dunklen Tupfern ab, die zum räumlichen Verständnis beitragen.

Auf den trockenen Untergrund wurden für die Zweige und Blätter **Linien und kleine Schattierungen** gelegt.

Die Wasserspiegelungen wurden mit feinen, horizontalen Strichen gemalt.

Zum Malen **der Bäume** wurde auf einen ersten hellen Ton ein dunkles, ziemlich deckendes Grün gelegt.

Der Hintergrund wurde auf dem feuchten Papier ausgeführt, wobei ein breiter Pinsel in weiten, horizontalen Strichen eingesetzt wurde.

Auf die trockene Farbe können verschiedene Tönungen gegeben werden. Der mit dunkler Farbe befeuchtete Pinsel muß ausreichend stark aufgedrückt werden. Wenn mit einem sauberen, feuchten Pinsel aufgedrückt wird, entstehen **Hellzonen**.

15 Gebirgslandschaft

Die Gebirgslandschaft ist zweifellos eines der interessantesten Themen, die mit Aquarellfarbe entwickelt werden können. Im Unterschied zu den anderen, eine große Genauigkeit in den Proportionen verlangenden Motiven, wie bei der figürlichen Malerei oder beim Stilleben, sind uns hier große Freiheiten im Umgang mit den Techniken erlaubt. Dennoch kann man nicht sagen, daß es ein einfaches Thema wäre. Mit ein wenig Praxis wird man ähnliche Werke zustande bringen wie die folgenden. Vor allem sollte der Malende abwechselnd Trocken- und Naßtechnik einsetzen.

LANDSCHAFTSSTRUKTUR

Dieser erste Vorschlag soll uns zur Erstellung einer Landschaftsgrundstruktur dienen. Zunächst muß immer ein guter Entwurf gemacht werden. Erst wenn die Zeichnung angefertigt ist, kann mit dem Einsatz der Farben begonnen werden. In diesem Beispiel sind die für den Himmel verwendeten Farben bläuliche Grautöne. Hierzu vermischt man auf der Palette dunkles Violett mit einer Spur Schwarz. Auf dieser Basis kann man alle erdenklichen Farbabstufungen erhalten.

▶ 1. Malen Sie den oberen Bildbereich mit einer deckenden Aquarellfarbe, auf der Sie einige hellere, leuchtendere Teile belassen. Der Boden wird mit einer Vielzahl von grünen und gelben, sehr hellen Tönen gemalt, um so den Kontrast zum Himmel zu verstärken.

▶

2. Die unteren Zonen malen Sie mit helleren Tönen als oben. Mit dem feuchten Pinsel ziehen Sie diese Farbe breit, bis der gesamte Himmelssaum bedeckt ist. Im Mittelteil kommen sehr viele dunkle Töne zum Einsatz, die auf dem Untergrund verlaufen. Zum Schluß werden die dunkelsten Teile gemalt. Im unteren Teil werden dunkle Schattierungen gesetzt, die am weitesten entfernten Flächen werden als Kontrast zum Himmelsuntergrund sehr hell belassen.

ERSTE SCHATTIERUNGEN

Bevor mit dem Malen begonnen wird, muß eine Landschaftszeichnung angefertigt werden. Nicht immer müssen die Wolken gezeichnet werden. Manchmal malt man sie direkt, besonders wenn es sich um abstrakte oder um durch Abstufungen entstandene Formen handelt. In der Gebirgslandschaft muß dem Gelände eine höhere Aufmerksamkeit als den Wolken gewidmet werden, da die Formen sehr komplex sind und Räume für helle und leuchtend weiße Töne erfordern. Die ersten Schattierungen lassen immer die hellsten und leuchtendsten Bereiche offen.

▶ 1. Die erste Schicht ist eine sehr helle, fast durchsichtige Aquarellfarbe. Mit dieser Schattierung wird das Weiß des Papiers gebrochen, damit die Wolken sich von den hellsten Tönen der Gebirgslandschaft unterscheiden, wo der Schnee reine Weißflächen zeigen wird. Diese Lasur dient als Grundlage für die oben eingesetzte dunkle Farbe – ein bleiernes Grau.

▼ 2. Die hellsten Zonen werden nach und nach mit anderen, dunkleren umgeben. Auf den trockenen Untergrund trägt man unter dem Dunkel des oberen Bereiches eine graue, sehr helle Aquarellfarbe auf. Die Farbe wird auf der Palette verdünnt, bis sie sehr transparent ist. Dann fügt man ein wenig Blau hinzu und malt damit die hellen Grauflächen der Wolken. Vor dem Abtrocknen werden die Blauflächen des Himmels gemalt.

▼ 3. Hinter den ersten Himmelsschattierungen malt man die hellsten Gebirgszüge im rechten Hintergrund und läßt die leuchtendsten Teile frei. In diesem Bereich wird das Weiß des Schnees durch das Blau des Himmels betont. Auf den fernen Gebirgszügen wird der Kontrast des Schnees mit kleinen, fast durchsichtigen Schattierungen von grüner Farbe gemalt. Den nahesten Bereich schattiert man mit einem sehr dunklen Braun.

DUNKLE TÖNE UND KONTRASTE

Nachdem die durchscheinendsten Farben und Töne aufgetragen sind, werden die hellsten Bereiche von den ersten Kontrasten begrenzt. Jetzt muß mit den dunklen Tönen und stärkeren Kontrasten begonnen werden, damit die von Beginn an ausgesparten Hellzonen ihren Glanz erhalten.

▶ 4. Nach dem Auftragen der Grundtöne und dem Aussparen der hellsten Bereiche verstärkt man die Kontraste, um die weißen Zonen im linken Baum zu erhalten. Diese dunklen Schattierungen werden ganz vorsichtig gesetzt, damit das Weiß des Papiers wie bemalt erscheint. Danach wird mit kleinen, sehr dunklen Schattierungen der Hintergrund gemalt.

▼ 5. Den rechten Baum führen wir auf die gleiche Weise wie den linken aus, aber diesmal mit einem sehr viel helleren Grau. Auf dem Gebirge im Hintergrund werden einige Bereiche mit einem Blauton verdunkelt. Das Blau des Hintergrundes wirkt nun wie Schnee im Schatten. Die Blautöne im unteren Himmelsbereich werden zur Betonung der jetzt stark durch den Kontrast erhellten Gebirgsform wieder aufgenommen.

▼ 6. Mit verschiedenen erdfarbenen Schattierungen malt man die dunklen Flächen im Vordergrund und legt die weißen Zweige des rechten Baumes fest. Damit ist diese schöne Gebirgslandschaft fertiggestellt, deren Hauptgedanke in der Behandlung der weißen Farbe als Gegenpart zu den dunklen Kontrasten von Boden und Wolken liegt.

TIEFENWIRKUNG UND FARBE

Beim Malen im Freien bieten sich die Stunden an, in denen sich die Natur in ihrem ganzen Glanz zeigt. Mit etwas Glück kann man herrliche Momente erleben, in denen der Himmel traumhafte, fast irreale Farben annimmt. Diese Momente sollte man maximal auskosten. In der folgenden Übung werden wir einige dieser Himmel voller Licht und Farbe malen.

▶ 1. Zunächst muß die Landschaftsform angelegt werden, um die Horizontlinie, die Himmel und Erde voneinander trennt, festzulegen. Wir zeichnen auch die Gebirgszüge, da sie in diesem Fall die am weitesten entfernten, sichtbaren Elemente sind. Die Ungleichmäßigkeiten des Bodens tragen zur Markierung der Unterschiede zwischen den Flächen bei, denn entsprechend den Entfernungen ergeben sich verschiedene Proportionen. Wir beginnen, den Himmel von oben her mit einer violetten Aquarellfarbe zu malen, die im oberen Bereich transparent ist und nach unten zu etwas stärker wird. Vor dem Abtrocknen wird ein Orangeton aufgetragen.

▼ 2. Über der orangenen Farbe wird der weiße Bereich mit einem gelben Ocker gemalt. Durch die Feuchtigkeit vermischen sich beide Farben, jedoch nicht vollständig, da die erste Farbe bereits fast getrocknet ist. Im Gegensatz dazu verläuft der zuletzt gemalte zentrale Bereich vollständig auf der Ockerfarbe. Unter diesem Himmel voller Farben beginnen wir, die Landschaft in einem violetten, sehr dunklen Ton zu malen.

▼ 3. Während die Farben des Himmels trocknen, wird den Wolken mit verschiedenen Mitteln Form verliehen: Wir kontrastieren die violette Farbe, bis sie dunkel genug ist. Mit dieser Farbe werden die Wolken und einige helle Punkte rechts oben hervorgehoben, und mit Kadmiumrot malen wir einige Lichtschattierungen auf den Himmel. Den Boden gestalten wir mit sehr dunklen Farben, die mit dem Himmel kontrastieren. Einige Bereiche bleiben vollständig offen und stellen die Glanzpunkte auf der Wasseroberfläche dar.

Schritt für Schritt
Gebirgslandschaft

Die Aquarellfarbe ist völlig transparent, die Töne müssen entsprechend ihrer Farbstärke übereinandergelegt werden, so daß die hellsten Bereiche von den dunkelsten hervorgehoben werden. Das Öffnen von Weißzonen ermöglicht die Entwicklung heller, vorher dunkel gemalter Bereiche. Die Gebirgslandschaft erfordert vielfältige Hilfsmittel, um Transparenz und strukturellem Aufbau zum Ausdruck zu verhelfen. Die folgende Übung ist nicht sehr komplex, dennoch verlangt sie große Aufmerksamkeit bei der Festlegung jedes einzelnen Bildbereiches.

MATERIAL

Aquarellfarben (1), Palette (2), Papier einer durchschnittlichen Grammatur (3), Aquarellpinsel (4), Zeichenkohle (5), Wassergefäß (6) und Lappen (7).

1. Die ersten Linien sollen sehr knapp gehalten werden, ohne Verzierungen oder Schatten. Für eine problemlos korrigierbare Strichführung benutzt man gewöhnlich Zeichenkohle. Sie erlaubt uns das kaum Spuren hinterlassende Korrigieren eines Fehlers mit dem Lappen.

2. Man beginnt mit dem Malen auf dem feuchten Untergrund. Dafür muß zunächst das Papier mit dem sauberen, nassen Pinsel benetzt und die Feuchtigkeit auf der gesamten Oberfläche verteilt werden. Bei der Naßtechnik ist es wichtig, daß das Papier senkrecht angebracht wird, damit die Farbe in den Naßbereichen nach unten fließen kann. Vor dem Abtrocknen des Untergrundes werden die Steilwände mit Ocker und die Vegetation im oberen Bereich mit Grün gemalt.

3. Mit dem sauberen und leicht befeuchteten Pinsel werden auf dem noch frischen Untergrund die ersten Weißzonen geöffnet: Der Pinsel geht mit senkrechten Strichen über die Felswände, bis die ersten helleren Bereiche entstehen. Bei jedem Freilegen einer neuen Hellzone muß der Pinsel vorher gereinigt und ausgedrückt werden. Wenn die Untergrundfarbe zu feucht ist, wird sich der eben geöffnete Bereich wieder mit Farbe vollsaugen. Deshalb muß die Zeit zum Trocknen bei jeder Anwendung genau eingehalten werden.

4. Nachdem die hellsten Weißzonen einmal freigelegt sind, müssen wir das vollständige Trocknen der Papieroberfläche abwarten, um das Vermischen der Farben beim Auftragen neuer Lasuren zu vermeiden. Erst dann kann man mit dunklen Farben den oberen Steilwandbereich malen – zunächst in Blautönungen, danach wird mit dem Pinsel zur Öffnung von hellen Stellen über das Papier gegangen. Es werden zwei Grüntöne verwandt: ein hellerer, leuchtenderer für die Grundierung der Schlucht und ein etwas dunklerer für die Schattenbereiche.

5. Der Fluß wird mit sehr durchsichtigem Kobaltblau gemalt, aber Vorsicht: Die Glanzstellen darauf bleiben ausgespart.

Auf dem feuchten Untergrund ist es einfach, weiße Stellen freizulegen. Es genügt, mit dem sauberen Pinsel mehrmals über die Stelle zu gehen und den Vorgang nach dem Ausdrücken des Pinsels zu wiederholen.

6. Die für das Malen von Gebirgslandschaften benutzten Farben können sehr vielfältig sein und jegliche Tönung oder Mischung annehmen. So vermischt man zum Beispiel Violett und Kobaltblau für das Malen der Felswand im rechten Hintergrund, dann verwässert man diese Tönung und malt damit die dunklen Bereiche der weiter vorn liegenden Felswand.

7. Im Fluß läßt man die vorherigen Töne neben dem Weiß des Papiers unter einer deckenden Blauschicht durchscheinen. Mit einer grünlichen und mit Ocker vermischten Farbe beginnt man die linke Wand zu malen. Der Untergrund ist bereits vollständig getrocknet, so daß die neue Farbe als durchsichtige Lasur aufgetragen werden kann. Diese ist jedoch ausreichend gefärbt, um seine Farbgebung zu verändern. Bevor diese neue Farbschicht ganz trocknet, drückt man den Pinsel aus und legt neue Bereiche mit mehreren Pinselstrichen frei – solange, bis man Stellen von großer Helligkeit geschaffen hat.

8. Nachdem die letzten Hellzonen auf dem Papier geöffnet wurden, werden die stärkeren Kontraste auf den Felswänden gesetzt. In einigen Bereichen wird Ocker verwendet. Vor dem Weitermalen muß man das Papier trocknen lassen, um das Verlaufen der Farbe zu vermeiden. Man trägt eine genau abgestimmte, dunkelblaue Aquarellfarbe auf. Dieser letzte Ton muß ohne Druck auf die Unterschicht aufgelegt werden, um die Farbe nicht aufzuweichen und zu zerstören. Nun bleibt nur noch das Öffnen weiterer, sehr heller Weißbereiche mit einem sauberen und feuchten Pinsel in einigen Teilen der Felswand.

ZUSAMMENFASSUNG

In den oberen Bereichen der Schlucht malt man die Vegetation, die ein wenig mit der Farbe der Wand verschmilzt.

Zum Malen der **dunklen**, die Felsen bestimmenden Bereiche muß der Untergrund vollständig trocken sein.

Der Untergrund der Schlucht wird auf nasses Papier gemalt.

Auf den Felswänden werden Hellzonen mit dem sauberen, leicht angefeuchteten Pinsel freigelegt.

Die zuletzt freigelegten Weißzonen auf der rechten Felsseite tragen zur Erhöhung der Farbkontraste bei.

16 Die Hautstruktur

Das Malen der Haut gehört zu den kompliziertesten Themen der Aquarellmalerei. Die auf diesen Seiten gezeigten Beispiele wurden auf der Grundlage von verschiedenen klassischen Werken erarbeitet. In diesem Kapitel werden die grundlegenden Mittel zur Lösung eines der häufigsten Darstellungsprobleme aufgezeigt, das im Zusammenhang mit der figürlichen und der Porträtmalerei auftritt: die Haut und ihre Struktur.

DIE HAUTFARBE

Die Farbzusammensetzung der Haut wird durch verschiedene Farben, Töne und Reflexe bestimmt. Wenn es sich um jugendliche Haut handelt, wird das Licht gleichmäßig und mit festgelegten Glanzstellen reflektiert. Im Gegensatz dazu reflektiert die alternde Hautstruktur das Licht nicht mehr gleichmäßig. Struktur und Schatten, die durch die Falten auf den Gesichtszügen entstehen, werden verstärkt.

▶ 1. Bei diesem Körper zeigt allein der Schatten gegenüber den Lichtzonen einen kleinen Unterschied in der Tönung. Im Gegensatz dazu werden im Lichtbereich Glanzpunkte geöffnet, damit die Hautfarbe das Licht der Umgebung reflektiert – es handelt sich um die Haut eines Kindes. Die Hautstruktur wird mit dem hautfarbenen Ton begonnen und der hellste Bereich freigelassen. Die eingesetzte Farbe läßt die Hellzonen des Körpers offen, sie ist von großer Transparenz und wird aus Karmin, neapolitanischem Gelb und ein wenig Ocker hergestellt.

▶

2. Die hellsten Hauttöne können durch Farbabtragungen auf dem trockenen Untergrund erreicht werden (zum Hervorheben der Glanzpunkte). In einigen Bereichen kann man mit einer blauen Lasur eine feinere und durchsichtigere Haut andeuten oder aber den Glanz mit dem sauberen Pinsel dämpfen. Nach dem Trocknen der Farbe lassen sich durch wiederholten Pinseleinsatz weiße und helle Bereiche perfekt hervorheben. Der Schatten wird dort, wo man auf die untere Farbschicht stößt, durch Farbverschmelzungen erreicht. Diese Vermischung soll minimal sein und sehr kontrolliert ausgeführt werden.

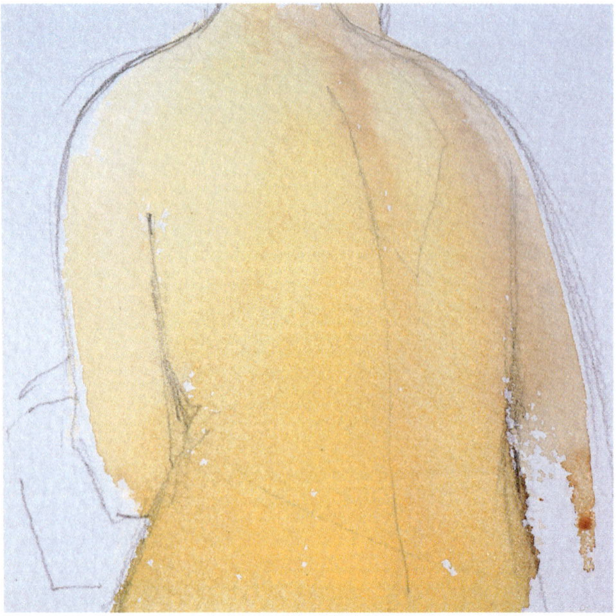

DIE FORMGEBUNG DER HAUT

Es reicht nicht, nur die junge Hautstruktur darzustellen, es muß auch die Formgebung beherrscht werden, wenn man eine korrekte Hautstruktur auf dem Körper entwickeln will. Wir werden hier jeden einzelnen dabei zu beachtenden Schritt ausführlich studieren. Dieser Vorschlag zeigt eine der vielen beim Aquarell bestehenden Möglichkeiten.

> Bei Arbeiten, die ständige Korrekturen erfordern, kommt dem Papier in der Aquarelltechnik eine große Bedeutung zu.

▶ 1. Die erste Lasur soll uns als Grundlage zur Umsetzung der gesamten Hautstruktur dienen. Diese Grundfarbe ermöglicht, daß alle später zum Einsatz kommenden Töne wie ein Filter wirken, der die Originalfarbe entsprechend seiner Intensität verändert.

▼ 2. Man malt den Hintergrund dunkel und dann die Hauptschatten. Dabei werden folgende Farben verwendet: Siena für den Rücken und eine braungelbe Schattierung für den Arm. Beide Schritte müssen vor dem Trocknen der Farbe auf dem Papier erfolgen, damit die Töne sich vermischen. Zum Vermeiden von unnötigen Wasseransammlungen ist es wichtig, die Feuchtigkeit der Farbe gut zu regulieren.

▼ 3. Die Schattierungen werden mit dem feuchten Pinsel breitgezogen, die ausgesparten Hautzonen entsprechen den stärksten Glanzstellen. Das ist ein wichtiger Punkt, den wir bei der gesamten Arbeit mit der Hautfarbe im Auge behalten müssen: die Glanzstellen sind von Beginn an auszusparen. Zum Schluß werden die Schatten mit mehreren feuchten Pinselstrichen weicher gemacht. Die am stärksten betonten Kontraste werden durch weiche Umrisse hervorgehoben. Auf diese Weise betonen wir die Formen, und die Hautstruktur erhält den notwendigen Glanz und Volumen.

DIE HAUTSTRUKTUR IN DEN GESICHTSZÜGEN

Es reicht nicht nur, die junge Hautstruktur darzustellen, es muß auch die Formgebung beherrscht werden, wenn man eine korrekte Hautstruktur auf dem Körper entwickeln will. Wir werden hier jeden einzelnen Schritt ausführlich studieren. Dieser Vorschlag zeigt eine der vielen beim Aquarell bestehenden Möglichkeiten.

▶ 1. Die Zeichnung soll so genau wie möglich sein: Jeder Gesichtsteil muß mit höchster Genauigkeit gezeichnet und die Proportionen zwischen den Zügen müssen beachtet werden. In dieser Arbeit werden die Flächen genau festgelegt. Den Hintergrund malen wir in einem dunklen Ton zur Markierung des gesamten Gesichts. Zu Beginn wird eine fast durchsichtige Lasur von Siena über das Gesicht gelegt.

▼ 2. Mit einer orangefarbenen, ein wenig mit Siena vermischten Farbe, wird die Stirn gemalt. Die für die Falten vorgesehenen Bereiche läßt man weiß, wozu der Hintergrund trocken sein muß. Je weiter man mit der Farbe auf dem Gesicht nach unten geht, um so mehr Karmin wird zugefügt. Die Freizonen für die Stirnfalten werden gesetzt, indem man diese mit einer orangenen Tönung umrandet.

▼ 3. Die vorher freigelassenen Stirnfalten und die Nasenwand werden mit einem gelblichen Ton bedeckt. Nachdem die unteren Farben trocken sind, nimmt man sie mit dem feuchten Pinsel wieder auf, um die Töne an den Rändern zu verschmelzen und die Schattenformen festzulegen. Beim Arbeiten mit dem feuchten Pinsel in diesem Bereich kontrolliert man genau den Farbverlauf auf dem Untergrund.

GLANZ UND SCHATTEN

Der Glanz auf der Haut hängt von deren Spannung und der sie beleuchtenden Lichtmenge ab. Einige Zonen glänzen mehr als andere, besonders wenn es sich um eine glatte oder leicht fettige Haut wie bei der Nase oder der Stirn handelt. Die Glanzstellen der Haut müssen von Beginn an freigelassen werden, um nach ihrem Abtrocknen die Dunkelbereiche zu erhalten. Bei der ersten Farbanwendung können die Licht- und Schattentöne sehr intensiv angelegt werden.

▶ 1. Zu Beginn des Malens wurden die hellen Gesichtszonen freigelassen. Die Untergrundfarbe besteht aus zwei verschiedenen Tönen, um die Lichtflächen voneinander abzugrenzen. Nach dem Fertigstellen der Zeichnung wird der Lichtbereich mit einer sehr hellen, gelben Ockerfarbe gemalt. Der stärkste Glanzbereich bleibt frei, der hellste Lichtpunkt liegt auf der Nase. Auf die Schattenzone wird eine dunkle Lasur aufgetragen, so werden die Hauptglanzpunkte kontrastiert.

▼ 2. Um das Licht auf der Haut in ein ausgewogenes Verhältnis zu bringen, malt man mit Siena einen starken Kontrast im oberen Teil des Lides. So gewinnt das Auge an Tiefenwirkung. Mit dieser leicht verdünnten Farbe verdunkelt man den Nasenschatten, dadurch wird ihr Glanz sehr viel leuchtender. Auf der Stirn verleiht ein rötlicher, durchsichtiger Pinselstrich der Hautstruktur ein realistischeres Aussehen.

▼ 3. Die Hautstruktur wird durch die Schlußkontraste endgültig festgelegt. Diese Kontraste erreicht man mit einer sehr klaren Sienafarbe, mit der die dunkelsten Gesichtsbereiche umrissen werden. Wie wir sehen können, wurden die Glanzstellen der Haut von Anfang an nicht berührt, obwohl die zahlreichen Lasuren andere, leuchtendere Zonen abgrenzen.

Schritt für Schritt

Porträt eines alten Mannes

Die Hautstruktur, die Hautfarbe und die Lichtreflexe auf dem Gesicht erlernt man nur durch ständige Praxis. Als Modell für den folgenden Arbeitsvorschlag haben wir das Porträt eines alten Mannes im Gegenlicht gewählt. Sein Gesicht, seine Falten, die Hautstruktur und die Art des Lichteinfalls auf den Körper machen ihn zu einem interessanten Modell.

MATERIAL

Aquarellfarben (1), Aquarellstrukturpapier (2), Bleistift (3), Aquarellpinsel (4), Wassergefäß (5).

1. Der erste Schritt stellt an den Aquarellmaler große Anforderungen hinsichtlich der Darstellung. (Wenn sich das als zu kompliziert erweisen sollte, kann auf eine Form des Durchpausens zurückgegriffen werden.) Bei dieser Übung reicht ein einfacher Entwurf nicht aus. Es geht vielmehr darum, die Zeichnung vollständig anzulegen, damit beim Farbeinsatz bereits eine perfekt entwickelte Struktur vorliegt. Die Falten müssen genau festgelegt werden, die Lichtzonen und die hauptsächlichen Falten werden ohne Graustellen oder Flecken mit klaren Strichen skizziert.

2. Auf die genau angelegte Zeichnung des Kopfes trägt man die Grundfarbe für die Haut auf. Sie wird auf der Palette aus Orange, Ocker und Siena hergestellt. Es muß auf trockenem Untergrund und schnell gemalt werden, damit beim Trocknen keine Farbansätze entstehen. Man schattiert die gesamte Gesichtsoberfläche, ohne daß sich Schnittzonen überlagern. Die Hauptglanzstellen werden freigelassen. Die Haut wird mit Graustrichen gemalt.

Beim Malen eines Porträts muß der erste Entwurf unbedingt vollständig sein und bereits alle Elemente enthalten, die die Falten der Person genau festlegen und das nachfolgende Herausarbeiten erleichtern. Wesentlich beim Porträt ist, daß Endergebnis und Modell große Ähnlichkeit aufweisen.

3. Noch vor dem vollständigen Abtrocknen der Grundfarbe werden die ersten Kontraste mit braungelbem Siena gemalt. Diese Kontrastvertiefung erfolgt nur in den dunkelsten Gesichtsbereichen. Die Hautgrundierung ist für den weiteren Farbeinsatz von großer Bedeutung. Mit der für den dunklen Teil der Nase benutzten Farbe malen wir ganz genau die Falten der Augenbrauen, das Kinn und den oberen Lippenbereich. Beim Erstellen dieser ersten Dunkelbereiche gewinnen die Glanzzonen durch erste Kontraste an Kraft.

4. Man läßt den Untergrund vollständig abtrocknen. Jetzt können Sie darauf malen, ohne daß sich die Farben vermischen. Der rechte Gesichtsteil wird mit einer grauen, sehr leuchtenden Gesichtsfarbe verdunkelt. Diese Phase erweist sich als besonders schwierig, es muß an der Stirn begonnen und deren Lichtbereiche müssen freigelassen werden. Beim Malen dieses Gesichtsteils mit Grau umreißt man den erhellten Bereich, der das Oberteil der Augenbraue und des Wangenknochens hervorhebt. Die Stirnfalten werden mit der gleichen Farbe in weichen und raschen Pinselstrichen gezogen. Die Kinn- und Gesichtsfalten malen Sie nach dem Trocknen des grauen Untergrunds – so vermischen sich die Farben nicht.

5. Der Untergrund muß trocken sein, bevor mit der Arbeit an der Hautstruktur begonnen werden kann. Für die Arbeit verwenden wir ein Papier von höherer Grammatur. Die dunklen Bereiche der Haut werden mit braungelbem Siena intensiviert, und das Schattenprofil im Bereich von Augenbraue, Auge und Wangenknochen wird verstärkt. Man geht erneut über die Schattierungen der Falten, bis sie sich verbinden und verlaufen. Der Schatten des Wangenknochens wird durch eine Dreiecksform gesetzt, die sich am Mundbereich auflöst.

6. Man legt eine Aquarellfarbe von braungelbem, dunklem Siena an, mit der man die Hauptfalten des Gesichtes kontrastiert, die hellsten Teile bleiben frei. Der zu Beginn aufgetragene Orangeton scheint auf dem Gesicht durch die transparenten darunterliegenden Farben hindurch. In einigen Bereichen wird diese Grundfarbe von der Aquarellfarbe bedeckt, in anderen bleibt sie bestehen. Die zu Beginn angelegten Hauptlichtpunkte bleiben weiterhin frei. Wir verdunkeln die rechte Gesichtshälfte und den Lippenschatten: So arbeiten wir das Volumen des Gesichtes heraus. Die Stirnfalten werden mit feinen Pinselstrichen gezogen.

7. Das Ohr wird beim Malen durch den Schattenwurf festgelegt. Die Stirnfalten werden verdunkelt, und auf diese Weise wird deren Volumen herausgearbeitet. Die Grundfarbe bleibt als deren heller Teil. Die rechte Augenbraue wird mit sehr raschen, spontanen Pinselstrichen verdunkelt. Mit einem sehr verwässerten Karmin und ein wenig Siena vervollständigen wir die Form der Unterlippe. Zum Abschluß dieser aufwendigen Arbeit zur Hautstruktur bleibt uns nur noch, eine sehr durchsichtige Lasur über den Untergrund zu legen.

ZUSAMMENFASSUNG

Der dunkle Schatten ist durchsichtig und betont die Gesichtsform. Auf entsprechendem Papier kann man Töne auf dem völlig trockenen Untergrund zum Verlaufen bringen.

Die Zeichnung muß sehr genau angelegt sein, bevor die Farben aufgetragen werden. Die Haut hat keine einheitliche Farbe.

Die erste Farbanwendung ist eine orange Aquarelltönung, die als Grundlage für spätere Töne dient.

Die Farbe der Kleidung muß bei einem Porträt nicht der Realität entsprechen. Die Farbgebung erfolgt nach der inhaltlichen Zweckmäßigkeit und der Hauptbetonung des porträtierten Gesichtes.

THEMA

17 Tiere

Das Malen von Tieren mit Aquarellfarben ist eine komplexe Thematik. Der Aquarellmaler sollte sich stets, zu welchem Thema auch immer, an der Zeichnung praktisch üben. Bei Motiven aber, die anatomische Studien erfordern, ist die Zeichnung mehr Notwendigkeit als Hilfsmittel, wie das bei der Landschaft der Fall wäre. Proportionen, Maße, Schatten und Licht müssen vor dem Malen studiert werden. Die Darstellung von Tieren ist zweifellos eine Thematik, die den Malenden sehr schnell in ihren Bann ziehen wird. Sie sollten den folgenden Seiten also große Aufmerksamkeit widmen.

GRUNDSTRUKTUR UND ZEICHNUNG

Bevor er an irgendein Tiermotiv herangeht, hat sich der Maler zuerst dem Studium des anatomischen Aufbaus zu widmen. Dazu genügt eine einfache Skizze mit einem Bleistift oder einem Stück Zeichenkohle, auf keinen Fall aber darf er diese Vorstufe weglassen. Durch das Studium jedes einzelnen Körperteiles können Schatten und Volumen herausgearbeitet werden, bevor man mit dem Auftragen der Aquarellfarbe beginnt.

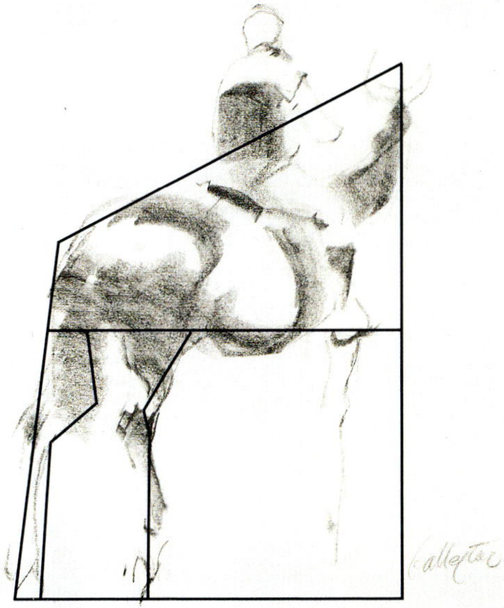

▶ *Die Struktur eines Tieres muß vorab aus sehr einfachen, geometrischen Formen zusammengebaut werden. Diese Formen lassen sich auf jedes Modell anwenden. Beispielsweise wurden bei dieser Skizze zu einem Pferd einige zunächst seine Form einrahmende Linien gezogen. Danach unterteilt man den Entwurf und nimmt den Ausgangspunkt an den Hufen.*

▶ *Versuchen Sie, diese Skizzen in einfachen, linearen Entwürfen abzumalen. Zunächst wird die äußere Form entworfen. Danach legen Sie die innere Struktur fest, und schließlich verbinden Sie die Linien, um zuletzt die Kontraste zu setzen. Ein gutes Hilfsmittel ist das Abpausen des entsprechenden Entwurfs auf dünnes Papier. Danach wird die Skizze auf das Zeichenpapier übertragen, und Sie arbeiten auf dieser Grundlage, bis die Tierform vollständig ist. Wir empfehlen, die Übung sowohl an diesen Skizzen als auch an einer Tierfotografie vorzunehmen.*

ZEICHNUNG UND FARBE

Nachdem die Zeichnung genau festgelegt ist, kann mit dem Farbeinsatz begonnen werden. Die beste Lernmethode ist die Praxis. Auf dieser Seite werden bereits fertiggestellte Werke gezeigt, die uns als hilfreiches Modell für weitere Arbeiten dienen können. Die eingesetzten Techniken sind die gleichen wie die zur Realisierung von Landschaften und Stilleben in den vorhergehenden Kapiteln, es ändert sich lediglich die Linienführung.

▼ *Trotz seiner komplexen Struktur hat dieser Hund einen sehr einfachen Aufbau, seine gesamte Form liegt fast vollständig innerhalb einer Ellipse. Nachdem die Zeichnung angefertigt ist, darf die erste Farbe nur sehr zart zum Einsatz kommen; es werden die hellsten Grautöne gemalt, die, wie man sehen kann, die reinsten Weißbereiche des Papiers hervorheben. Nach dem Trocknen der Anfangslasur wird der Kopf des Hundes durch einige dunkle Schattierungen von Siena und braungelber Tönung bestimmt.*

▼ *Sie sehen im oberen Entwurf, wie einfach die Anatomie dieses Tieres aufgebaut werden kann. Sie besteht nur aus einem Kreis für den Körper und einer Dreiecksform für den Hals und den Kopf. Wenn die Zeichnung fertig ist, beginnt der Malprozeß mit einer sehr durchsichtigen Ockerfarbe zum Schattieren der helleren Brustbereiche. Die ersten Aquarellfarben bauen nicht die Struktur des Gefieders auf; dieses wird mit dunklen, freien Strichen getan. Achten Sie auf die frei bleibenden Weißzonen.*

▼ *Wir können feststellen, daß die Pose des Hahnes von einem Bild zum anderen variiert, was jedoch keine totale Veränderung beim Entwurf bedeutet. An dieser Skizze ist zu sehen, wie die roten Pinselstriche des Flügels über der orangenen Anfangsfarbe liegen.*

DIE FELLSTRUKTUR

Nachdem wir gelernt haben, wie die Formen verschiedener Tiere entworfen werden, bietet sich nun eine Übung an, die uns noch für sehr viel mehr Anwendungen dienlich sein wird. Sie besteht im Malen eines Hundekopfes. Die Struktur des Fells ist in diesem Beispiel eine der wichtigsten Fragen, die sich neben dem Erfassen des Grundaufbaus stellt.

▶ 1. Wir dürfen nicht mit dem Malen beginnen, solange die Zeichnung nicht vollständig angelegt ist. Das Aquarell basiert auf der Transparenz, und die Korrekturen müssen minimal bleiben. Zunächst befeuchtet man den Grund mit Pinsel und sauberem Wasser. Beim Befeuchten des Papieruntergrundes werden mit dem Pinsel die Kopfformen umrandet, damit die Farbe später nicht in den Innenbereich hineinlaufen kann.

▼ 2. Während der Untergrund feucht ist, können Farbtönungen eingesetzt werden, die sich mit den anderen Farben auf dem Papier verbinden. Je mehr der Untergrund trocknet, um so präzisere Pinselstriche und Schattierungen können gesetzt werden. Man beginnt, den Augenbereich mit Siena und das Fell mit sehr hellem Braun zu malen.

▼ 3. Die den hellsten Fellstellen entsprechenden Bereiche werden nicht ausgemalt. Auf dem trockenen Grund und mit einer gut ausgedrückten Farbe und einem fast trockenen Pinsel malen wir an diesen völlig weißen Stellen entlang. Mit orangener Aquarellfarbe und fast trockenem Pinsel werden mehrere Striche am Ohr und der Stirn des Hundes gesetzt.

FARB-, LICHT- UND SCHATTENZONEN

Beim Malen von Tieren kann deren gesamter komplexer Aufbau dargestellt werden. Die Synthese der Formen, das heißt deren Summierung, erleichtert in großem Maße die Entstehung einer kraftvollen Studie voller Realismus. Wir schlagen hier eine einfache Übung an einem Wellensittich vor. Achten Sie auf die Freiräume, die Farbe und den Einsatz der einzelnen Lichtzonen.

▶ 1. Zunächst muß dem Anfangsentwurf zur Anatomie des Tieres die gebührende Aufmerksamkeit gewidmet werden. Die Zeichnung ist einfach, sie basiert auf zwei gekrümmten, gut plazierten Formen. Nachdem die Anfangsskizze gemacht ist, verbindet man die Linien, die die Anatomie des Tieres endgültig festlegen.

▼ 2. Die reinen Weißbereiche müssen von Anfang an freigelassen werden. Die Hauptfarbe ist ein durchsichtiges Blau. Hier erweist sich die Zeichnung als unentbehrlich, da das Erstellen der weißen Freiräume ohne sie nicht durchführbar wäre. Auf die hellsten Stellen werden die dunklen aufgetragen. Die Striche für den Kopf und den Flügel werden auf trockenem Untergrund gemacht.

▼ 3. Erst nachdem der Wellensittich vollkommen schattiert ist, können die Kontraste gesetzt werden. Dann werden die Schatten festgelegt, indem man die Intensität der verwendeten Töne verstärkt. Zum Schluß können die verschiedenen Körperteile durch Details hervorgehoben werden. In dieser Übung wird der Hintergrund kontrastiert, damit die Weißbereiche beim Vogel den notwendigen Glanz erhalten.

Schritt für Schritt
Wellensittichpärchen

Die am einfachsten zu zeichnenden und zu malenden Tiere sind Vögel. Das liegt an ihrem spindelförmigen Körper und dem Fehlen einer komplexen Struktur. Es findet sich ein gutes Modell zu Hause, in irgendeiner Tierhandlung, auf einem Zeitungsfoto oder im Zoo. Fotos sind eines der meistbenutzten Mittel beim Malen von Tieren.

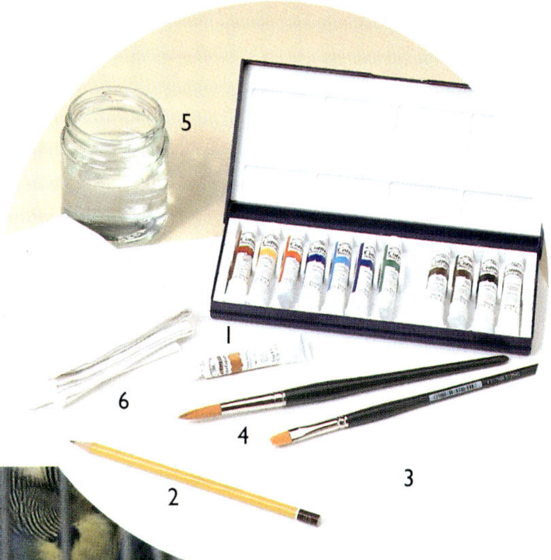

MATERIAL

Tubenfarben (1), Bleistift (2), Aquarellpapier (3), Aquarellpinsel (4), Wassergefäß (5) und Lappen (6).

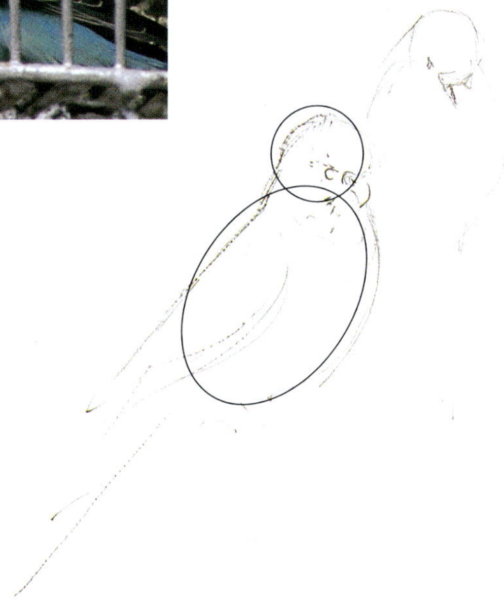

1. Wie wir im Laufe dieses Kapitels gelernt haben, ist es außerordentlich wichtig, vor dem Malen eine möglichst genaue Zeichnung zu erstellen. Genau bezieht sich hier auf die Synthese der Linien und Formen. Die Farbe muß in den Linien eine exakte Vorgabe finden, um das Verwechseln von verschiedenen Bereichen zu vermeiden. Man beginnt mit dem Zeichnen des linken Wellensittichs; das gesamte Tier wird von einer fast ovalen Form eingerahmt. Der Rücken wird in einer geraden Linie ausgeführt, und am Kopf werden Schnabel und Auge plaziert.

2. Nachdem der erste Wellensittich zu Ende gezeichnet ist, wird der zweite entworfen. Er hat eine ovale Form und einen fast runden Kopf. Diese so einfache Form erlaubt ein rasches und ergiebiges Arbeiten, da die auszuführenden Korrekturen minimal bleiben. Nach Abschluß der Zeichnung wird mit dem Malen des linken Vogels begonnen. Zunächst tragen wir ein Goldgelb auf, das den leuchtendsten Brustbereich frei läßt. Wir trennen die Brustlinie ab und malen in diesem Bereich mit einem sehr leuchtenden Grün. Beim Malen verläuft der Ton, um die Körperform herauszuarbeiten. Im dunkelsten Teil des Wellensittichs wird ein Schattentupfer gesetzt. Da der Untergrund noch feucht ist, verlaufen die Farben sehr schnell.

3. Während die Farbe des ersten Wellensittichs trocknet, beginnt man, den rechten Vogel zu malen. Die feuchten Papierbereiche dürfen nicht berührt werden, sonst vermischen sich die Farben. Für diesen Vogel benutzen wir Kobaltblau, das mit Ultramarin zu einer sehr leuchtenden Aquarellfarbe vermischt wurde. Zum Malen des Schwanzes in einem einzigen Strich wird diese Farbe noch durchsichtiger gemacht.

4. Man wechselt sich im Malen der beiden Wellensittiche ab. Wenn man nur ein Tier malen würde, müßte man jedes Mal pausieren, um einen Pinselstrich auf den trockenen Grund setzen zu können. Mit dem gleichen Ton, mit dem wir den vorhergehenden Körperteil gemalt haben, werden nun der hintere Kopfteil und der dunkle, den Flügel markierende Bereich ausgeführt. Im hinteren Flügelteil beginnt man, mit Schwarz und in kleinen Strichen die dunklen Flecken zu schattieren, die die Federstruktur charakterisieren.

5. Bevor wir mit dem Gefieder des linken Wellensittichs weitermachen, müssen wir den eben eingesetzten Ton trocknen lassen, damit die dunklen Schattierungen nicht darauf verlaufen. Unterdessen wenden wir uns dem rechten Wellensittich zu. Auf den Kopf trägt man eine sehr durchsichtige, braune Lasur auf. Dadurch wird der obere Glanzbereich hervorragend betont, der sich nun als runder weißer Fleck zeigt. Während dieser Bereich noch feucht ist, werden einige sehr kleine Tupfer am Halsansatz gesetzt. Diese mit der Pinselspitze aufgetragene Farbe vermischt sich an ihren Rändern mit der gerade verwendeten, noch feuchten Aquarellfarbe.

6. Es wird der gesamte hintere Teil des Tieres ausgeführt. Wie wir sehen können, ist die Linienführung gekrümmt und trägt zur Herausarbeitung der Körperlichkeit bei.

Wenn man nur ein Tier malen würde, müßte man jedesmal pausieren, bevor man einen Pinselstrich auf den trockenen Untergrund setzen kann.

7. Wir arbeiten wieder an dem rechten Wellensittich mit blauer Farbe; mit dieser Farbe wird erneut der gesamte Brustbereich schattiert. Die Schattierung hat eine ovale Form und trägt ebenfalls dazu bei, dem Tier Körperlichkeit zu verleihen.

8. Es handelt sich hier um eine Arbeit, die sehr schnell realisiert werden kann: einerseits durch die einfachen Formen der beiden Wellensittiche, andererseits durch die Möglichkeit, die beiden Tiere abwechselnd zu malen. Wo erforderlich, muß dabei die notwendige Zeit zum Trocknen eingeräumt werden. Nun wird den Schnäbeln noch Kontrast verliehen, ohne daß dabei die freigelassenen Glanzzonen verlorengehen. Dann malen wir sorgfältig die Augen beider Vögel.

ZUSAMMENFASSUNG

Die Grundschattierung des linken Vogels ist gelb; vor dem Trocknen der Farbe wird ein Grün aufgetragen.

Die Schwänze der Wellensittiche werden in einem einzigen Strich angedeutet. Dann werden die notwendigen Kontraste gesetzt.

Der Kopf des rechten Vogels wird mit einer sehr durchsichtigen Lasur hervorgehoben, worauf die Halsflecken gesetzt werden.

Am Rücken des linken Wellensittichs werden zahlreiche schwarze Pinselstriche gezogen, die die Struktur seines charakteristischen Gefieders vervollständigen.

So malte

William Turner

(1775 London–1851 London, Chelsea)

Der Markusplatz

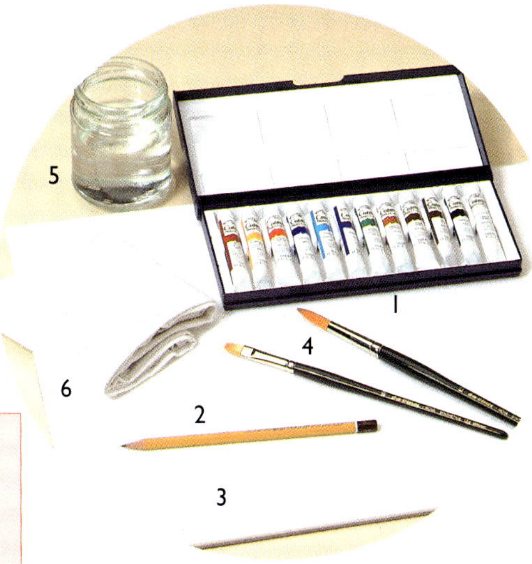

Dieser bekannte englische Maler zeichnete sich durch seine Landschaften und Meeresbilder aus. Zunächst begann er mit Aquarell zu malen und ging dann zur Ölmalerei über. Eine Reise nach Italien (1819) leitete eine durch Licht und Farben von großer Intensität und Lebhaftigkeit geprägte Phase ein. Später dann suchte er das Licht an sich, wie man an seinen traumhaften Ansichten von Venedig feststellen kann. Sein romantisches Werk ist dem Impressionismus verwandt.

MATERIAL

Tubenfarben (1), Bleistift (2) Aquarellpapier (3), Aquarellpinsel (4), Wassergefäß (5) und Lappen (6).

Bei der Darstellung dieses Werkes, das nicht den Anspruch einer exakten Kopie haben soll, werden wir einige von Turner verwendete Techniken studieren. Sie wurden natürlich bereits im Laufe der vorangegangenen Aquarellthemen behandelt. Die Techniken Turners sind nicht sehr kompliziert, werden aber mit Präzision und großer Sorgfalt in jedem Bildbereich eingesetzt. Das Malen auf dem Nassen verleiht den Farben und Formen einen Vermischungscharakter. Der Feuchtigkeitsgrad des Papiers bedingt die Farbmischungen des Bildes. Turner beherrschte die Zeitbemessung des Trocknens bis zur Perfektion. Schauen Sie sich vor dem Anfangen aufmerksam die darzustellende Vorlage an. Wir werden sehen, ob wir herausfinden können, welche Bereiche zuerst gemalt wurden und wie das geschehen ist.

SCHRITT FÜR SCHRITT: *Der Markusplatz* von William Turner

1. Vor allem ist es sehr wichtig, eine gute Vorzeichnung zu haben, da die später ausgeführten Arbeiten von diesem ersten Schritt abhängig sind. Es ist nicht notwendig, daß die Zeichnung dem Modell exakt entspricht. Auf jeden Fall aber sollen ihre verschiedenen Elemente eine annähernde Übereinstimmung aufweisen. In der Zeichnung muß jede mögliche Änderung bei der Krümmung der Linien beachtet werden. Vergleichen Sie hier zum Beispiel die Perspektive des oberen rechten Gebäudeteils mit der Vorlage. Scheint es nicht so, daß die Linien weniger gekrümmt gemalt wurden?

2. Beim aufmerksamen Betrachten des Originalwerkes stellt man fest, daß die Weißbereiche vollständig fehlen. Dafür entsprechen die hellsten Tönungen einer gelblichen Farbe: das Ergebnis einer Grundlasur. Wir stellen die gelbliche, sehr wässrige Mischung aus Ocker und Gelb her, mit der der gesamte Gebäudebereich gemalt wird; der Himmel wird im Gegensatz dazu nicht gemalt. Wie können wir wissen, daß Turner beim Himmelsuntergrund keine gelbe Lasur aufgetragen hat? Weil dann die blaue Farbe grünlich würde, was nicht der Fall ist!

Bei den Farbeffekten, die beim Übereinanderlegen der Farben entstehen, muß sehr aufgepaßt werden.

3. Der rechte Bildteil wird mit einer orangefarbenen Aquarellfarbe gemalt. Diese Farbe vermischt sich noch teilweise mit der eben aufgetragenen Farbe des Himmels. Dies kann später korrigiert werden. An der Vorlage läßt sich feststellen, daß der Himmel nicht in einem Stück gemalt wurde, sondern mehrere Farbschichten aufweist, die außerdem die Pinselführung erahnen lassen. Man vermischt ein wenig Schattenfarbe mit Dunkelblau, und mit einer sehr hellen Aquarellfarbe wird in deutlichen Pinselstrichen erneut der Himmel gemalt. Auf der linken Seite kann man sehen, wie Turner eine Korrektur vorgenommen hat. Auch wir machen das hier, indem wir den Farbüberschuß mit einem trockenen, sauberen Lappen wegnehmen.

4. Einige den Himmel berührende Gebäudeteile, vor allem auf der linken Seite und bei dem hinteren Gebäude, scheinen mit dem Blau zu verlaufen oder durch dieses abgestuft zu werden. Das ist geschehen, weil diese Bereiche beim Auftragen der Himmelsfarbe nicht vollständig trocken waren und die erste Farbe sich mit der neuen vermischt hat. Auf die gleiche Weise läßt man die Farbe der Gebäude in die erste Lasur auf dem weißen Papier laufen. Wenn eine Farbe über eine andere, schon trockene gelegt wird, entsteht eine Verdunklung des Tones. Auf diese Weise lassen sich Dunkelzonen erreichen, die die ersten Tönungen im oberen Gebäudebereich verändern. Wir warten, bis der Untergrund fast trocken ist, und tragen ein mit ein wenig Siena vermischtes Blau auf. Mit einem braungelben Ton malen wir die dunklen Stellen an den Gebäuden.

5. Vor dem Weiterarbeiten muß das vollständige Trocknen des Untergrundes und der verschiedenen vorherigen Farbauftragungen abgewartet werden. Dann stellt man eine Aquarellfarbe aus Blau und ein wenig Siena her und trägt sie auf den Untergrund mit senkrechten Pinselstrichen auf. Mit dieser neuen Farbschicht werden die Umrisse der Gebäudeformen zu Ende gebracht. Dann legt man mit einem braungelben Siena und einer Spur Blau als sehr durchsichtiger Lasur die Schatten der hinteren Gebäude fest. Der farbige Untergrund verändert spürbar die dunkle Tönung dieser Lasur.

6. Wie man an der Originalvorlage feststellen kann, wird die Zeichenarbeit eine ganze Weile nach dem Entwurf der Grundrisse weitergeführt. Die Linien zur Festlegung der Gebäudeverschönerungen werden mit dem Pinsel auf den ersten Farbschichten gezogen. Auf die gleiche Weise werden die Gebäudeornamente angelegt. Die Striche sind präzise, es entstehen keine Flecken oder Wasserverläufe. Die Linien werden mit einem ausreichend durchsichtigen Siena gezeichnet, damit die untere Farbschicht nicht völlig bedeckt wird; die Farbe muß aber eine gut kontrastierte Linienführung zulassen.

Wenn die unteren Farben trocken sind, addieren sich die aufeinandergelegten Töne.

7. Die über die ersten Aquarellschichten gelegte Zeichnung ist von hoher Präzision, da sie genau das Gesims sowie die Nuancen auf den Wandflächen und den linken Eingangsbogen festlegt. Es ist wichtig, daß die Striche nicht zu stark hervortreten. Die Farbe muß auf der Palette ausreichend verwässert werden. Beachten Sie den Trockenprozeß eines jeden Tones; nach dem vollständigen Abtrocknen verringert sich die Farbtönung des Pinselstriches.

8. Durch den zeichnerischen Entwurf ihrer Formen können die Bilddetails mit größerer Sicherheit nacheinander angelegt werden. Zuerst werden die Hauptlinien des Turmgesimses gezeichnet und darauf die Ornamentdetails gesetzt. Mit einem Orangeton und mit einem Gitter aus kreuzweisen Strichen, die man zum großen Teil verlaufen läßt, wird der rechte Bildteil zu Ende gemalt. Mit einer etwas dunkleren Tönung als bisher bringt man die zeichnerische Gestaltung des linken Fensters und die Kontraste des Säulenganges zu Ende. Im unteren rechten Teil werden einige Tupfer mit Karminrot gesetzt. Vor dem vollständigen Trocknen muß zum nächsten Schritt übergegangen werden.

Die übereinandergelegten feuchten Farben vermischen sich miteinander.

9. Mit einer braungelben Tönung tupft man um das Karminrot herum, wobei die Farben verschmelzen. Auf den Turm zeichnet man die senkrechten Schmuckstriche und beendet die Kontrastsetzung am rechten Gebäudeeingang. Zum Schluß bleibt nur noch, im unteren Schattenbereich einen kleinen Farbtupfer zu setzen, dann arbeiten wir noch die Teile heraus, mit denen eine kleine Kontrasterhöhung erreicht werden kann. Die zwischen dem Original und unserem Werk festzustellenden Unterschiede in der Linienführung sind auf den Absorbierungsgrad des Papiers oder die Wartezeit beim Trocknen der feuchten Schichten zurückzuführen. Natürlich ist auch die Malweise des Künstlers beim Herstellen des Werkes von Bedeutung, da jeder Maler seine ihm eigene Pinselführung und Interpretationsart hat.

Der Entwurf wird vorab mit Bleistift bis hin zum Aufbau der Gebäudeformen erstellt.

Eine **erste gelbe, fast durchsichtige Aquarellfarbe** bedeckt die gesamte Stadtlandschaft und dient als Grundlage für die restlichen, dunkleren Farben.

Die Grundfarbe tritt im oberen Turmteil hervor.

Der Himmel wird mit aufeinanderfolgenden, blauen Farbschichten gemalt und verdunkelt sich bei jedem Auftrag mehr.

Die Fenster des hinteren Gebäudes werden auf dem fast feuchten Untergrund angedeutet.

So malte

Henri de Toulouse-Lautrec

(1864 Albi–1901 Malromé)

Die schöne Helene

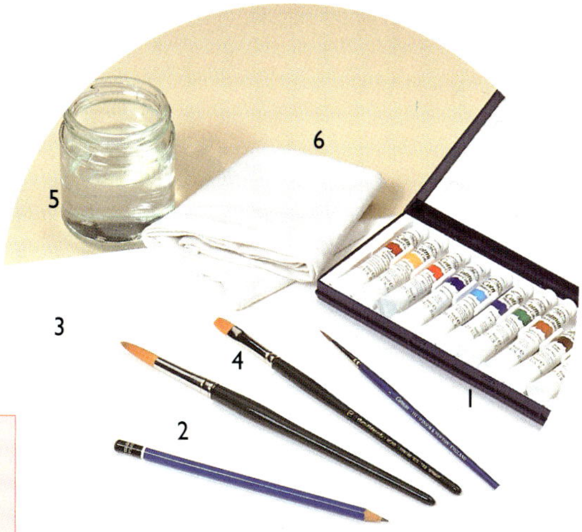

Zwei in seiner Jugendzeit erlittene Unfälle machten diesen Künstler zum Krüppel und prägten sein ganzes Leben. Beeinflußt von Bonnat und Degas führte er in Paris das Leben eines Bohemiens. Er besuchte Cafés, Theater, Bordelle etc., deren Ansichten einen großen Teil seiner Werkthematik ausmachen. Seine Werke werden von einer spontanen Strichführung, großer Ausdruckskraft und Ungezwungenheit in der Bewegung bestimmt.

MATERIAL

Tubenfarben (1), Bleistift (2), Aquarellpapier (3), Aquarellpinsel (4), Wassergefäß (5) und Lappen (6).

Mit diesem Vorschlag beabsichtigen wir, uns an einer der schwierigsten, gleichzeitig aber auch einer der einfachsten Methoden zu üben: ein Bild im richtigen Moment beenden zu können. Oft verzweifelt der Malende ohne ausreichende Erfahrung bei seinen Übungen, wenn er sieht, wie das Werk, das einen guten Anfang genommen hatte, mehr und mehr übersättigt wurde, bis es fast völlig verdorben ist. Das Erfolgsgeheimnis eines Bildes liegt zum großen Teil im rechtzeitigen Aufhören. Neben der praktischen Übung zur Formensynthese und zum Farbeinsatz werden wir hier auch lernen, wie die transparentesten Lasuren auf dem Weiß des Papiers wirken. Und wir werden das Übereinanderlegen von Pinselstrichen üben, die mit dem Untergrund verlaufen.

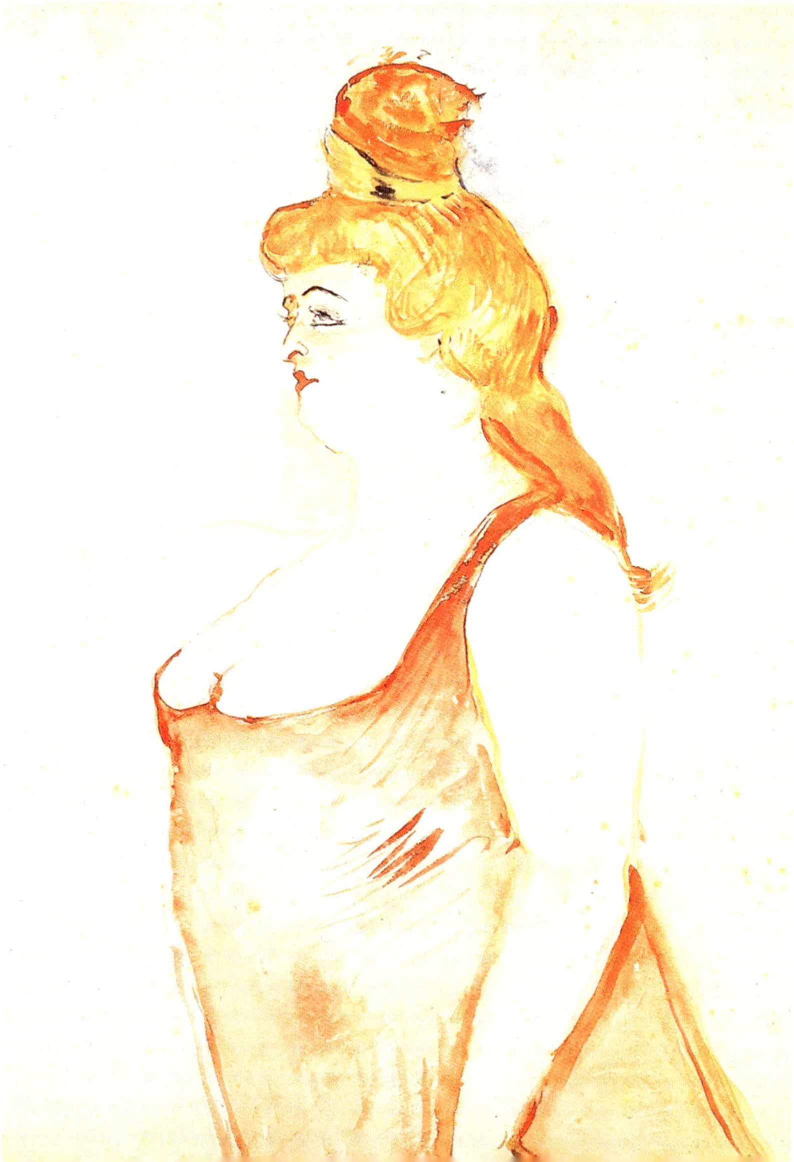

2. Nachdem die Zeichnung einmal abgeschlossen ist, legt man eine sehr transparente Farbschicht gleichmäßig über die gesamte Bildoberfläche. Diese Farbe ist gelblich, eine Mischung aus Ocker und Gelb. Trotz ihrer großen Durchsichtigkeit verändert diese erste Lasur die Leuchtkraft des Papiers; die danach zum Einsatz kommenden Farben werden von diesem Grundton beeinflußt. Vor dem Weitermachen müssen wir diese Schicht trocknen lassen, da jegliche Hinzufügung auf dem feuchten Untergrund ein Vermischen der Töne zur Folge haben würde, und das liegt nicht in unserer Absicht.

1. Man kann auch direkt mit der Aquarellmalerei beginnen, wie wir es bereits bei mehr als einer Gelegenheit praktiziert haben. In diesem Fall aber, wo die Farbentransparenz extrem hoch ist, wäre das nicht angebracht, da einige Bereiche über den anderen frei bleiben müssen. Eine sehr gute Vorzeichnung ist wichtig, bevor mit dem Malen begonnen wird. Auch ist es entscheidend, auf eine sehr saubere Strichführung zu achten, da unter der Transparenz dieser Arbeit jede schlecht gezogene Bleistiftlinie zu sehen sein wird.

Bei allen Aquarellarbeiten ist die Vorzeichnung ein unentbehrliches Werkzeug, damit die darauffolgenden Arbeitsschritte eine klare Gliederung vorfinden.

3. Nachdem die Grundierung getrocknet ist, wird die erste konkrete und der ersten Haarschicht entsprechende Ausgangsfarbe eingesetzt. Grundlage für die Haarfarbe ist ein helles Gelb, das aber weniger durchsichtig als die Grundierung ist. Beachten Sie den Unterschied zwischen dem Auftragen einer generellen Farbschicht (beim Untergrund) und der anderen, gerade gelegten, viel konkreteren Schicht. Die Farbe des Haares kommt in unterschiedlicher Transparenz und Qualität zum Einsatz, wobei in einigen Bereichen der Papieruntergrund vollständig zu sehen ist.

4. Im oberen Teil der Stirnlocken wird mit Kadmiumrot gemalt, am Hinterkopf setzt man einige Pinselstriche von braungelber Schattierung. Hier ist der Untergrund schon getrocknet, so daß man durch einige freigelassene, gelbe Zonen hindurchsehen kann. Man läßt das Bild trocknen und trägt eine andere Aquarellfarbe um den Körper herum auf, die die Hautfarbe vom Hintergrund abhebt. Die Gesichtszüge werden mit durchsichtigem Siena gemalt, die Farbschattierungen dürfen sich dabei nicht untereinander vermischen. Das Kleid wird mit einer sehr transparenten, roten Aquarellfarbe gemalt, der hellste Bereich wird freigelassen. Die folgenden Schritte müssen schnell ausgeführt werden, damit beim Verlaufen auf dem Untergrund keine Farbansätze entstehen.

5. Das Gesicht und das Haar sind Bereiche von größerer Komplexität, vor allem die Weißbereiche im Gesicht. Es ist wichtig, daß die vorher aufgetragenen, sienafarbenen Tönungen, ebenso wie die Augenbraue, vollständig trocken sind, sonst vermischen sich die Farben. Mit einem durchsichtigen Siena werden die Gesichtsschatten gemalt, und die hellsten Teile bleiben weiß. Die Wimpern malt man nach dem Trocknen dieses Schattenteils. Beim Haar wird mit verschiedenen Anwendungen von Siena und Orange weitergemalt.

6. Mit dem leicht befeuchteten Pinsel geht man über das Kleid, bis der Glanzbereich auf dem Untergrund verschmilzt. Da der Bereich des Kleides befeuchtet wurde, ist es möglich, eine neue, rötlichere und deckendere Tönung vom Träger her aufzutragen. Man beginnt mit dem Auftragen der roten Farbe beim Oberteil und läßt sie mit der auf dem Papier verteilten Feuchtigkeit verlaufen.

Die Verwendung eines Qualitätspapiers ist von großer Bedeutung, da bei einfachen Papiersorten ein Verlaufen nach dem Trocknen der Farbe praktisch unmöglich ist.

7. Während der Bereich des Kleides trocknet, wenden wir unsere Aufmerksamkeit wieder der Arbeit am Haar zu. Dieser Teil ist besonders vorsichtig zu behandeln, da der von uns beabsichtigte Effekt einer gewissen Haarfülle erreicht wird, indem man die aufeinanderfolgenden Farbschichten in lockeren Strichen übereinanderlegt, ohne daß sie sich untereinander vermischen. Trotz der Arbeit an den Haarlinien und der gebotenen Vorsicht wird dieser Teil keine großen Schwierigkeiten bereiten, wenn und solange wir die Zeiten des Trocknens der vorherigen Schichten beachten.

8. Der Arm und ein großer Teil der Haut am Busen und im Gesicht wurden während der gesamten Arbeit freigelassen. Die Farbe dieses Bereiches entspricht der ersten Grundlasur des Papiers. Mit Rot, das mit ein wenig Karmin vermischt wurde, verstärkt man das Profil des Kleides im Brustbereich. Dort, wo die Form des Armes hervorgehoben werden soll, malt man mit einer kadmiumroten, wässrigen Farbe, ohne dabei auf den Arm zu kommen, der nun perfekt herausgearbeitet ist. Man fertigt wieder eine durchsichtige, sienafarbene Lasur an, mit der der Hintergrund gemalt wird. Die rechte Seite bleibt ein wenig dunkler und steht mit dem hinteren Körperbereich im Kontrast.

Bei der Anwendung von Untergrundlasuren ist es immer ratsam, mit sehr hellen Tönen zu beginnen und sie dann beim Präzisieren allmählich mit aufeinanderfolgenden Farbschichten zu intensivieren.

9. Wenn der Grund vollständig trocken ist, werden die Striche gemalt, die dem Kleiderstoff seine Struktur verleihen. Dieser letzte Schritt erfordert die besondere Beherrschung des Malens und des Pinsels, da man die Naßmalerei mit einer genaueren Strichführung kombinieren muß. Die hier beim Kleid eingesetzte Farbe ist ein stets sehr durchsichtiges Karmin und Kadmiumrot, wobei die Glanzstellen beachtet werden. Die Falten des Stoffs werden mit energischen und festen Strichen gemalt. Damit ist diese Arbeit fertiggestellt. Die Ähnlichkeit mit dem Original ist groß, wenn auch klargestellt werden muß, daß das Ziel dieser Übung vor allem in der Interpretation der Technik des Malers lag.

ZUSAMMENFASSUNG

Die Ausgangszeichnung muß so sauber und genau wie möglich sein, da alle folgenden Farbanwendungen von großer Transparenz sein werden.

Die Grundierung wird vollständig mit einer gelblichen, sehr transparenten Tönung aufgetragen, um sich mit dem Weiß des Papiers zu brechen.

Die Grundfarbe des Haares ist gelb; darüber werden alle dunkleren Farben gelegt, obwohl der Untergrund in verschiedenen Freibereichen hervortritt.

Das Kleid wird in aufeinanderfolgenden roten und karminroten Farbschichten gemalt, wobei leuchtende Freibereiche für die unteren Schichten verbleiben.

So malte

Mariano Fortuny Carbò

(1838 Reus–1874 Rom)

Andalusisches Haus

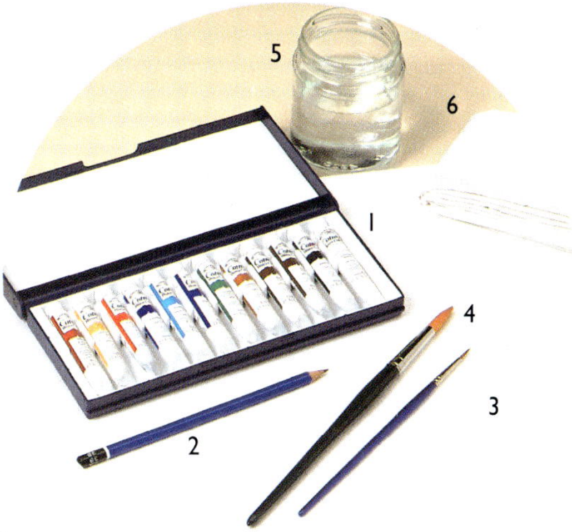

Unter seinen Bildern und Radierungen gibt es Figuren von großer Kraft, die an Goya erinnern, und sehr ursprüngliche Farbanwendungen. Ihre Farbgebung ist sehr leuchtend, so daß man sie mit dem Impressionismus in Verbindung gebracht hat.

Bei diesem Thema können wir an Weißzonen und Schattenkontrasten von Bereichen und Räumen arbeiten, die von den Wänden eines Gebäudes unterteilt werden. Bei dieser Übung liegt die Schwierigkeit nicht so sehr in den benutzten Techniken, sondern im Zeitpunkt ihres Einsatzes und im Einhalten der Zeit zum Trocknen bei jedem Werk.

MATERIAL

Tubenfarben (1), Bleistift (2), Aquarellpapier (3), Aquarellpinsel (4), Wassergefäß (5) und Lappen (6).

SCHRITT FÜR SCHRITT: *Andalusisches Haus* von Mariano Fortuny Carbò

1. Wenn wir bei der Vorlage eine große Einfachheit feststellen, so liegt das daran, daß der Maler von einem genau festgelegten Zeichnungsaufbau ausgegangen ist. Nur so ist es möglich, jede Farbe an der richtigen Stelle einzusetzen. Die Zeichnung muß sehr sauber sein und mit minimalem Linieneinsatz die entsprechende Fläche und die sich darauf befindenden Objekte markieren, wie das beim Baum, den Pflanzen oder den Türöffnungen, Bögen und Fenstern der Fall ist. Wenn der gesamte Hof gezeichnet ist, legt man eine fast durchsichtige, ockerfarbene Lasur über die am stärksten erhellte Zone.

2. Man beginnt mit dem Auftragen des oberen Schattenteils; diese Zone wird eine größere Anzahl von Farbtönungen aufnehmen. Die Töne sind stets sehr durchsichtig und werden vorsichtig plaziert, um die leuchtendsten Bereiche zu begrenzen und festzulegen. Der Baum wird mit einer durchsichtigen, grünen Farbe plaziert, darunter malen wir den dunkelsten Hofbereich mit einer braungelben Schattierung.

3. Man malt den dunklen Hofteil mit einer braungelben Schattierung und ein wenig Blau, um den Ton kühler zu machen. Mit dieser Farbe werden die Hauptlichtzonen des Bildes aufgebaut. Es muß zügig gemalt werden, um das Entstehen von Farbansätzen zu vermeiden. Beim Malen jeder einzelnen Zone ist auf das Abtrocknen der angrenzenden Bereiche zu achten. Hier jedoch führt man einen Teil dieser dunklen Tönung bis an die rechte Wand heran und läßt die Farbe als Teil der Wandstruktur eindringen.

4. Mit den perfekt an die Bleistiftzeichnung angepaßten Schattierungen wird dem Hof nicht nur die notwendige Tiefenwirkung verliehen, auch die Säule wird dadurch, ebenso wie die linke Wand, festgelegt. Man beginnt, die Schatten des oberen Stockwerkes mit Siena zu malen; in diesem Teil muß jedoch besonders stark auf das Freilassen von leuchtenden Zonen geachtet werden, da die Brüstung durch die Hellzonen bestimmt wird.

5. Es werden die dunkelsten Bereiche im Hausinneren gemalt; in der linken Schattenzone legen wir die dunkelsten Eingänge zu den Zimmern fest. Im Hof malt man die Pflanzen mit einem leuchtenden Grün. Jeder Grünbereich wird mit verschiedener Farbintensität gemalt.

Jedes einzelne Bildteil wird gemalt, wenn die angrenzende Farbe vollständig abgetrocknet ist. Das ist Grundvoraussetzung, damit sich die Tönungen jeder einzelnen Zone nicht vermischen.

6. Mit durchsichtigem Siena malt man die dunklen Teile des oberen Stockwerkes und das Dach. Im unteren Innenteil des Hofes werden die dunklen Teile mit sienafarbenen Lasuren verstärkt. Man malt den Baum mit verschiedenen Grüntönungen und immer auf trockenem Grund. Die Streben des Geländers werden durch die dazwischen gesetzte Schattenfläche bestimmt, die den Gang andeutet. Die Tür auf der rechten Seite wird mit brauner, sehr dunkler Farbe gemalt; auch die Geländerstreben werden festgelegt.

7. Bevor das Geländer im ersten Stock vollständig trocknet, schwächt man die braune Farbe durch ein rasches Abwaschen mit dem sauberen und feuchten Pinsel ab. Dafür werden die Geländerstreben mit einigen sienafarbenen Strichen leicht angedeutet, die sich auf diesem feuchten Grund vermischen und verlaufen. Mit einer deckenden, braungelben Schattierung setzt man den Schatten auf dem Gang des oberen Stockwerks, mit einer durchsichtigen Aquarellfarbe der gleichen Tönung wird diese Zone verdunkelt.

8. Man malt den Hauptteil des Bodens im oberen Stock mit sienafarbenen Pinselstrichen, die sich mit der Grundfarbe vermischen. Mit einer braungelben Schattierung wird der Baumstamm in zarten und gebogenen Pinselstrichen gemalt. Wir arbeiten mit mehreren grünlichen Tönungen an den sanften Kontrasten, die der Baumkrone Form verleihen, weiter.

9. Mit einem sehr leuchtenden und mit Siena vermischten Grün malen wir das Geländer des oberen Stockwerkes. Mit dem gleichen Ton werden die Linien an der Wand gemalt. Wir arbeiten erneut an den dunklen Zonen, die die Streben von der dahinterliegenden Tür abheben. Damit ist diese Arbeit abgeschlossen.

ZUSAMMENFASSUNG

Die Streben werden durch die dahinterliegenden dunklen Schatten bestimmt.

Das Gegenlicht bewirkt, daß die Lichtzonen eindeutig in zwei Bereiche unterteilt werden: ein vollkommen weißer, und eine zweiter, in dem Schatten den Flächen und Dunkelzonen Form verleihen.

Die Baumkrone wird mit verschiedenen, grünen Tönungen gemalt, und stets auf trockenem Grund, um den Pinsel präzise führen zu können.

Der Baumstamm wird mit einer braungelben Schattierung gemalt; die Pinselführung ist sehr zart.

So malte

Emil Nolde

(1867 Nolde–1956 Seebüll)

Blumen

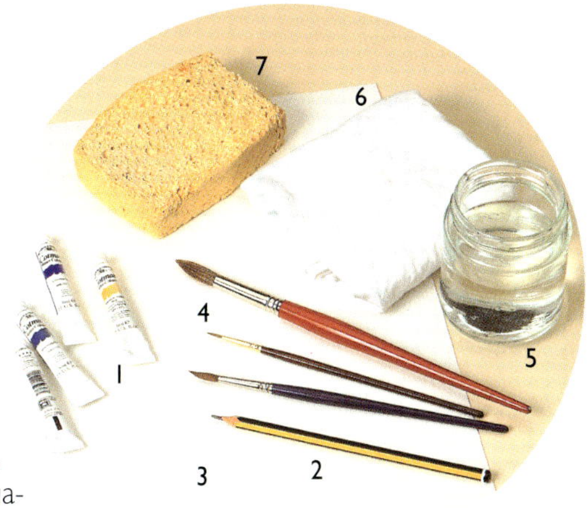

Nolde ist das Pseudonym des deutschen Malers Emil Hansen. Seine Malerei erinnert an Van Gogh und J. Ensor, beides Maler, für die er eine große Bewunderung hegte. Seine Bilder, die reich an religiösen Szenen sind und zu seiner Zeit wegen ihrer Sinnlichkeit große Skandale hervorriefen, sind voller schriller Farben und expressionistischer Formen.

Blumen gehören zu den Motiven, die ein sehr freies Arbeiten mit Aquarell erlauben. Ein einfacher Tupfer mit der grünen Pinselspitze verwandelt sich fast wie durch Zauber in eine frische und farbige Blume. Das ermöglicht sehr ausdrucksvolle Arbeiten voller Kraft und Farbigkeit. Einmal mehr geht es nicht darum, die Vorlage zu kopieren, sondern die vom Künstler benutzte Technik zu verstehen.

MATERIAL

Tubenfarben (1), Bleistift (2), Aquarellpapier (3), Aquarellpinsel (4), Wassergefäß (5), Lappen (6) und Schwamm (7).

1. Ganz bestimmt hat Nolde nicht auf eine vorher angefertigte Bleistiftskizze gemalt. Wir entscheiden uns hier aber für diese Variante, da die Arbeit dadurch einfacher durchzuführen ist. Die Zeichnung soll uns ein gewisses Verhältnis zwischen den Formen angeben, die dann zu Blumen werden. Wenn es auch nicht um das Erstellen einer exakten Kopie des Originals geht, sollte man bei der Übung durchaus versuchen, eine gewisse Übereinstimmung mit der Vorlage zu erreichen. Wenn wir von einem Original ausgehen, das von einem anderen Künstler gemalt wurde, so hat das den gleichen Wert wie ein Foto oder ein wirkliches Modell.

2. Zunächst wird eine violette, sehr transparente Aquarellfarbe auf den Grund aufgetragen. Dabei bleiben die Zonen frei, die von der weißen Farbe des Papiers oder aber durch Tupfer, die nicht verlaufen sollen, belegt werden. Mit diesem Ziel beginnen wir, die violette Blume zu malen. Der Mittelpunkt der Blume liegt auf einer Stelle, auf die gar keine Aquarellfarbe aufgetragen wurde; das erlaubt ein genaues Malen. Gleich rechts neben diesem Mittelteil malt man das Blütenblatt, das auf der Vorlage verlaufen ist. Die Farbe vermischt sich sofort auf dem feuchten Untergrund. Nun beginnen wir mit den gelben Blumen im oberen Teil.

3. Auf dem Grund der Blumen bemerkt man eine sehr helle, fast durchsichtige, rötliche Tönung: Auf dieser Farbe können wir dunklere Schichten und viel präzisere Pinselstriche feststellen. Die rote Blume im oberen Teil hat die meisten roten Tönungen. Um sie zu malen, muß zunächst eine durchsichtige Aquarellfarbe aufgetragen werden, die man vor dem Einsatz der nächsten abtrocknen läßt. Die untere Blume wird mit einem sehr viel deckenderen Rotton gemalt. Mit einer violetten Tönung beginnt man, den unteren rechten Blumenbereich zu schattieren; dabei wird ein Teil der roten Blumenfarbe verwischt.

4. Mit einem etwas unreinen, violetten Ton wird dieser Bereich vervollständigt: Hier werden verschiedene, miteinander verlaufende Farbauftragungen vorgenommen. Man malt den zentralen Bereich beim rechten Klatschmohn und trägt rötliche Töne auf die ersten, bereits trockenen Töne auf. Beim Malen des oberen Teils der ersten Blume drücken wir leicht mit der Pinselspitze auf. Mit der gleichen, für die Blumen verwendeten gelben Farbe beginnen wir, die Stengel zu zeichnen; vor dem Abtrocknen geht man mit grünen Pinselstrichen darüber.

5. Der Hauptteil der Bildschattierung ist vollständig. Nun können die ersten Kontraste, die die Blumen voneinander trennen, gemalt werden. Der Blumenuntergrund darf nicht vollständig trocken sein, wenn man zu dem von Nolde erreichten Effekt kommen möchte. Die für das Anlegen der Dunkelzonen benutzte Farbe ist ein deckendes Kobaltblau. Es wird auf die Aquarellfarbe der unteren Blumen direkt unter dem Klatschmohn gemalt; wir verwischen ein wenig rote Farbe, um zu einer violetten Tönung zu kommen. Die dunkelsten Blumenteile werden mit Schwarz gemalt.

6. Neben die violetten Farbtupfer auf der linken Bildseite setzen wir die Blütenblätter von starker Orangefärbung. Zuerst schattiert man mit sehr deckendem Goldgelb, damit die darübergelegte Farbe eine starke Grundlage vorfindet, mit der sie sich vermischen kann. Dann werden Pinselstriche mit Kadmiumrot daraufgesetzt; beim Vermischen entsteht ein leuchtendes Orange. Bevor der Orangeton auf dem Papier trocknet, trägt man erneut Violett auf und läßt die Farbe auf den unteren, noch feuchten Tönen verlaufen.